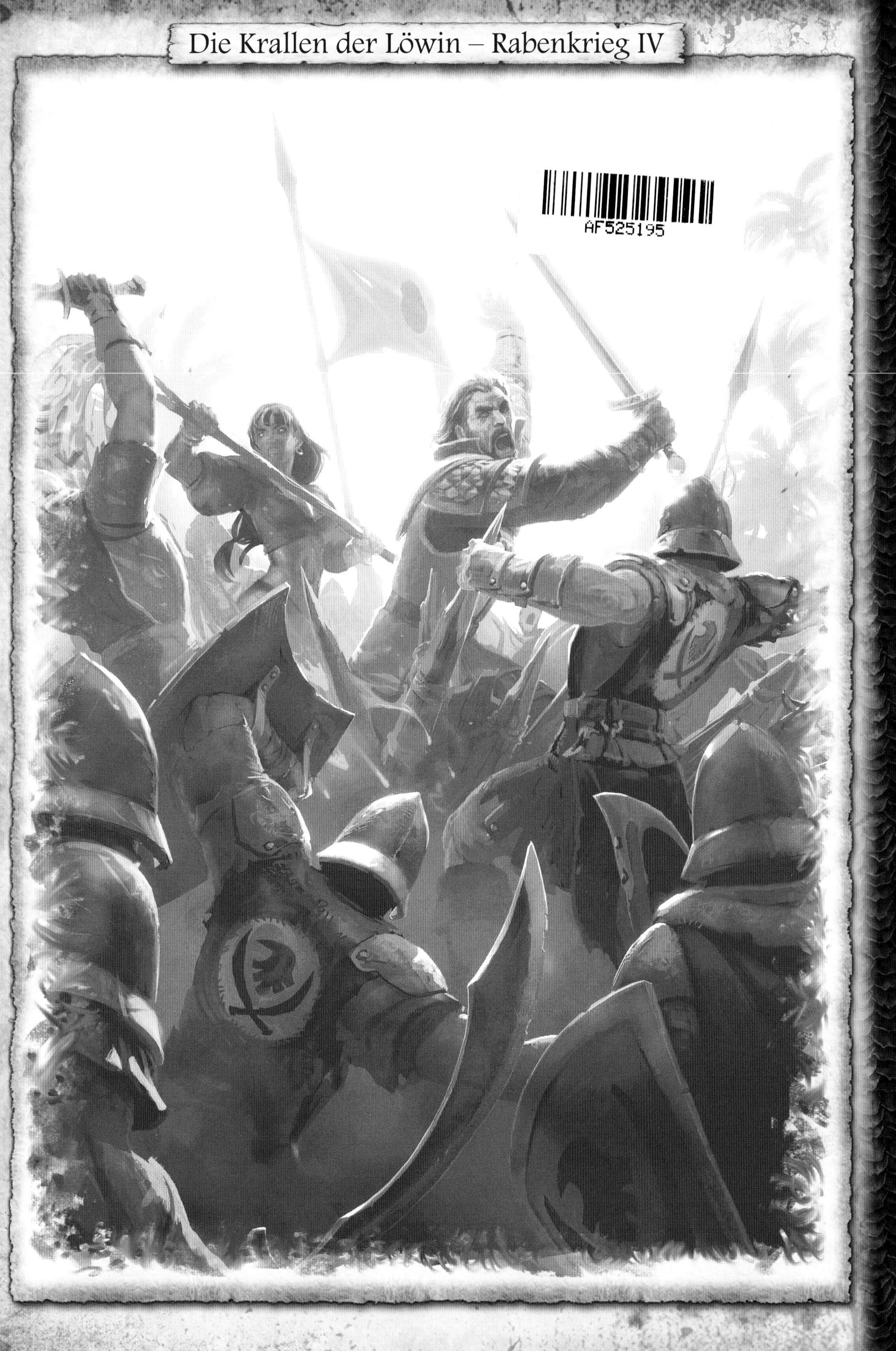
Die Krallen der Löwin – Rabenkrieg IV
AF525195

IMPRESSUM

Verlagsleitung
Thomas Michalski

Redaktion
Nikolai Hoch, Johannes Kaub

Regelredaktion
Alex Spohr

Autoren
Armin Abele, David Schmidt

Lektorat
Frauke Forster

Korrektorat
Frederic Mühleck

Künstlerische Leitung
Nadine Schäkel

Coverbild
Marcus Koch

Satz, Layout & Gestaltung
Jörn Aust

Layoutdesign
Thomas Michalski, Nadine Schäkel, Patrick Soeder

Innenillustrationen & Pläne
Steffen Brand, Sandra Braun, Regina Kallasch, Nele Klumpe, Marcus Koch, Annika Maar, Dagmara Matuszak, Nikolai Ostertag, Diana Rahfoth, Nadine Schäkel, Elif Siebenpfeiffer, Wiebke Scholz, Carina Wittrin

Mitarbeiter:innen Ulisses Spiele
Administration Christian Elsässer, Carsten Moos, Sven Paff, Stefanie Peuser, Marlies Plötz **Marketing:** Philipp Jerulank, Björn Meyer, Katharina Wagner **Verlag:** Zoe Adamietz, Jörn Aust, Mirko Bader, Steffen Brand, Simon Burandt, Christiane Ebrecht, Frauke Forster, Christof Grobelski, Kai Großkordt, Nikolai Hoch, Nadine Hoffmann, Johannes Kaub, Arne Frederic Kunz, Matthias Lück, Benedict Marko, Thomas Michalski, Jasmin Neitzel, Markus Plötz, Diana Rahfoth, Nadine Schäkel, Maik Schmidt, Ulrich-Alexander Schmidt, Nils Schürmann, Alex Spohr, Jens Ullrich, Jan Wagner **Verlag USA:** Robert Adducci, Bill Bridges, Timothy Brown, Darrell Hayhurst, Eric Simon, Ross Watson **Vertrieb:** Florian Hering, Jan Hulverscheidt, Saskia Steltner, Stefan Tannert, Sven Timm, Anke Zimmermann

Damit unsere Texte flüssig zu lesen sind, verzichten wir darauf, in jedem Textabschnitt alle Geschlechtsformen zu erwähnen. Aventurien ist ein Kontinent der Vielfalt, in dem sowohl Männer, Frauen als auch alle anderen Geschlechter Teil des Alltags sind. Wir bemühen uns deshalb, geschlechtsspezifische Ausdrücke zu mischen, damit diese Vielfalt nicht vergessen wird. Wann immer du also bei allgemeinen Aussagen eine bestimmte Geschlechtsform liest, kannst du diese durch jede andere ersetzen. In den Fällen, in denen das Geschlecht entscheidend ist, wird dies im Text gesondert ausformuliert.

Printed in EU 2021

Mit Dank an Andreas Busse, Anja Jäcke, Johannes Kurzweil, Sonja Schmidt, Heike Wolf und alle Probespieler sowie an Patrick Davis als Sensitivity Reader.

Vielen Dank an alle Mitgestalter:innen von Aventurien.

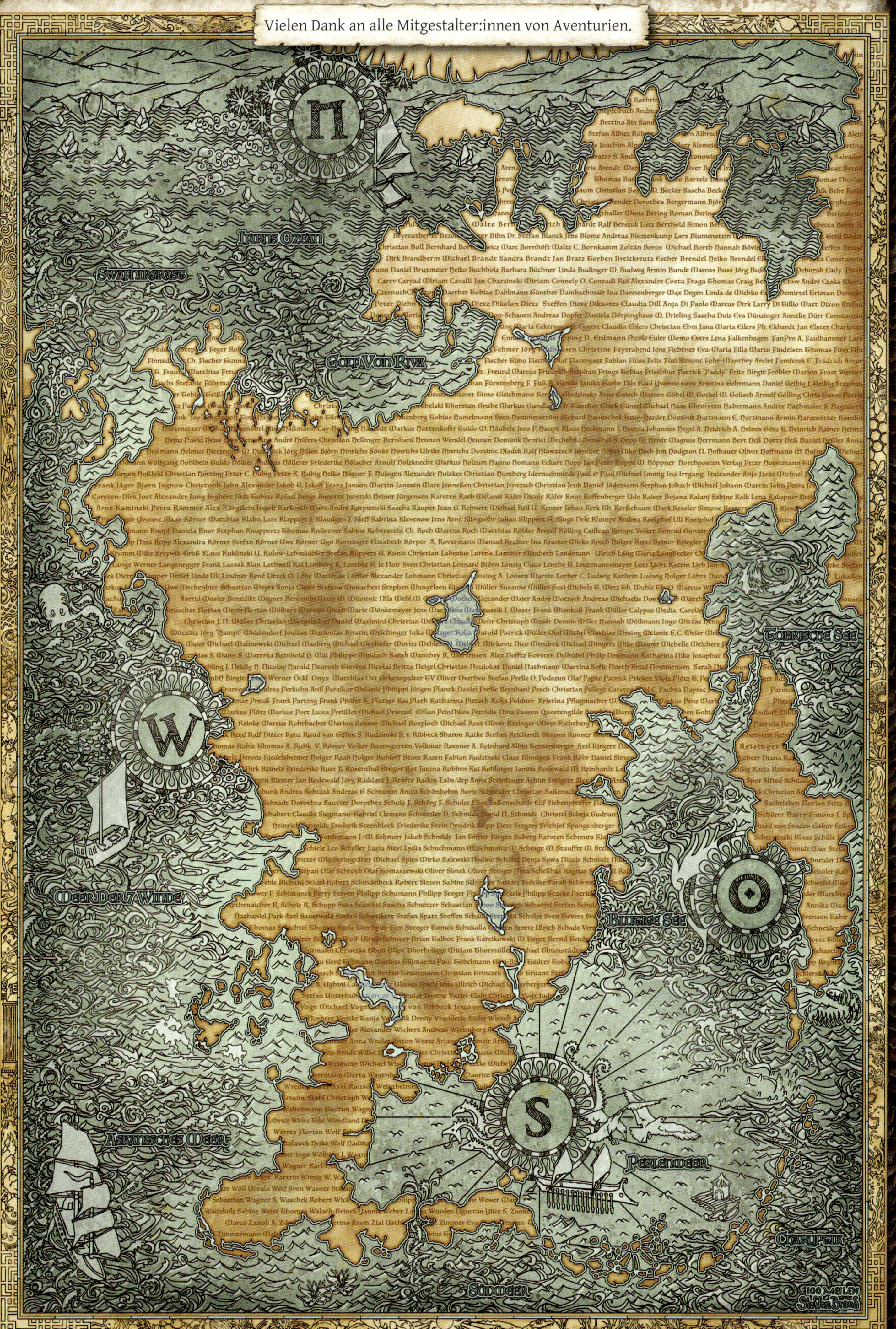

Inhaltsverzeichnis

Wenn du eine bestimmte Szene für die Helden leichter machen möchtest, dann kannst du die Vorschläge dieses Abschnittes übernehmen.

Wenn du eine bestimmte Szene für die Helden schwerer machen möchtest, dann kannst du die Vorschläge dieses Abschnittes übernehmen.

- *Meisterinformationen:* Die Angaben im Abenteuer sind Meisterinformationen, die den Helden nicht sofort zugänglich sind oder sogar ausschließlich als Hintergrundinformationen für den Spielleiter gedacht sind.
- *NSC-Wertekästen:* Die angegebenen Werte bei Meisterpersonen beinhalten alle spielrelevanten Informationen, sind aber dennoch nicht unbedingt vollständig. Insbesondere bei NSCs mit einer großen Anzahl verschiedener Fertigkeiten, also vor allem bei Zauberern und Geweihten, werden auch Fertigkeitswerte, die von 0 abweichen, ebenso wie manche Sonderfertigkeiten nicht immer vollständig angegeben, wenn sie für das Spiel irrelevant sind.
- *Vorlesetexte:* Diese Texte kannst du deinen Spielern am Spieltisch vorlesen. Sie enthalten keine Meisterinformationen.

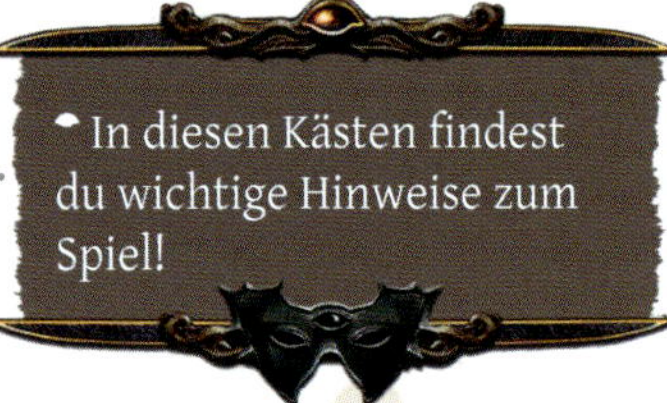

- *Gerüchte:* Wenn Helden Informationen sammeln, hören sie gelegentlich Klatsch und Tratsch. Gerüchte sind entweder mit + (wahr), mit – (falsch) oder mit +/– (teilweise wahr, teilweise falsch) gekennzeichnet.
- *Erweiterungsregeln:* Wenn ihr mit Erweiterungsregeln spielt, findest du an einigen Stellen Seitenverweise auf andere Bücher, damit du einfacher nachschlagen kannst. Dabei ist das Bandkürzel nach dem Regelelement hochgestellt, wie z. B. bei der Sonderfertigkeit *Armbrust überdrehen*[AKO151].

AKO – Aventurisches Kompendium
AKOII – Aventurisches Kompendium II
AMA – Aventurische Magie

Personen mit diesem Symbol sind vor Beginn des Abenteuers bereits tot.

Währungsrechner

Außerhalb allgemeiner Wertekästen sind Geldbeträge in Landeswährung angegeben. Mittelreichische Münzen werden in großen Teilen von Al'Anfanern akzeptiert.

Al'Anfa	Mittelreich	Wert in Silbertalern
Dublone	2 Dukaten	20
Oreal	1 Silbertaler	1
Kleiner Oreal	5 Heller	0,5
Dirham	1 Kreuzer	0,01

EINLEITUNG

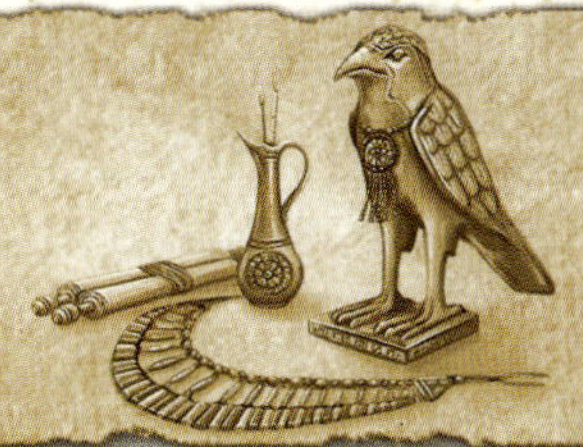

»Ja, der Schwarze General ist mit einem Großteil seiner Truppen aufgebrochen, da seid Ihr richtig informiert. Aber im Grunde ist das mehr ein, nun, sagen wir ›symbolischer Marsch‹. Niemand rechnet ernsthaft damit, dass die Soldaten kämpfen müssen. Die meisten Kemi sind für Prinzessin Rhônda und jubeln ihr zu, wohin sie auch kommt. Die wenigen verbliebenen, verstockten Anhänger Königin Elas, die haben schlicht nichts mehr, was sie dem Boronszug in den Weg stellen könnten. Die sind praktisch bereits besiegt. Alles andere sind nur haltlose Gerüchte. Wahrscheinlich hockt diese sogenannte aranische Löwin Chanya al'Plâne irgendwo im Dschungel und duckt sich tief hinter einen Busch, in der Hoffnung, nicht gefunden zu werden.«
—Decius Paligan, Curator Vendo, bei einem Treffen mit dem Gesandten des Vizekönigs aus Mirham, Hesinde 1042 BF

»Wir müssen sie zur Schlacht stellen und aufhalten, ehe sie das südliche Kernland erreichen. Die Bedingungen sind nicht ideal, aber eine bessere Gelegenheit als diese werden wir nicht bekommen. Wichtiger noch als der Sieg ist, dass die Usurpatorin Rhônda die Schlacht nicht überlebt. Sie ist die Galionsfigur dieses sogenannten Boronszuges. Wenn sie im Kampf stirbt, stirbt ihr Thronanspruch mit ihr. Sollen die Götter entscheiden. Es ist alles gesagt.«
—Chanya al'Plâne, Heerführerin des Kemi-Reiches, vor der Schlacht von Mehat, Hesinde 1042 BF

»Es ist entschieden, Said Bonareth wird sterben. Er und seine Leute werden uns nicht noch einmal in die Quere kommen. Lasst es wie einen Überfall der Wilden aussehen. Aber vergesst nicht, der Bastard selbst soll nicht durch eine Klinge den Weg in Borons Hallen finden. Ergreift ihn lebend, für ihn gibt es andere Pläne. Das Blut des Landes soll ihm einen qualvollen Tod bereiten. Und nachdem ihr es getan habt, berichtet mir, ob das Gift so niederhöllisch ist, wie die Kemi behaupten. Es gibt da noch einen anderen ...«
—Anweisung der Generalin Marvana Zornbrecht an ihre Schergen, Hesinde 1042 BF

Dem Meister zum Geleit

Willkommen im tiefen Süden Aventuriens! Du hältst gerade ein Abenteuer der 5. Edition des traditionsreichen Fantasy-Rollenspiels **Das Schwarze Auge** in den Händen.

Die Krallen der Löwin ist das vierte von sechs Abenteuern der Kampagne um den **Rabenkrieg**, einen militärischen Konflikt, der mit der al'anfanischen Invasion in Kemi beginnt und weitreichende Auswirkungen auf die gesamte Region haben wird. Zwar bauen die Abenteuer aufeinander auf, es ist jedoch ausdrücklich möglich, jedes der Abenteuer unabhängig voneinander zu spielen und, mit ein paar Umbauten, auch einzelne Abenteuer auszulassen. Zur besseren Übersicht werden Elemente, die für die Kampagne wichtig sind und welche für die Umsetzung als Einzelabenteuer gegebenenfalls angepasst werden sollten, mit dem folgenden Symbol gekennzeichnet:

Viele dieser Elemente werden in mehreren Abenteuern auftauchen, und es lohnt sich, festzuhalten, welche Entscheidungen deine Helden bei diesen Begegnungen und Ereignissen getroffen haben. Der Moment, in dem solche Entscheidungen spürbare Konsequenzen für den Spielverlauf haben, wird von deinen Spielern als besonderer Erfolg empfunden werden, denn ihre Helden haben den Ausgang der Geschichte maßgeblich beeinflusst.

Mit Figuren wie zum Beispiel dem Granden *Said Bonareth* und dem Seeoffizier *Diago Delazar* bekommst du zudem Charaktere an die Hand, welche den Helden während der Kampagne immer wieder begegnen werden. Gleiches gilt für die Generalin *Marvana Zornbrecht* und den Borongeweihten *Odilo Kugres-Estrazar*, die als offene beziehungsweise heimliche Antagonisten der Helden wichtige Figuren der Handlung sind.

Du findest alle zum Spielen des Abenteuers relevanten Informationen in diesem Band. Weitere Hintergrundinformationen zur Region, die als Schauplatz dient, ihrem Flair und ihren Bewohnern kannst du im **Aventurischen Almanach** nachlesen.

Hintergrund der Kampagne

In dieser Kampagne erleben die Helden als Teil einer militärischen Spezialeinheit, der *Rabenkrallen*, auf Seiten des al'anfanischen Imperiums den Krieg gegen das Káhet Ni Kemi. Al'Anfa unterstützt den Thronanspruch von Prinzessin *Rhônda* IX. *Setepen*, der abtrünnigen Schwester von Nisut *Ela XV. Setepen*, die bereits seit Jahren vergeblich nach der Krone strebt. *Oderin du Metuant*, der Herrscher Al'Anfas, plant, Rhônda nach dem erfolgreichen Ende des Feldzuges als Klientelkönigin einzusetzen, sodass das Imperium de facto die Herrschaft über das Kemi-Reich ausüben kann.

Neben den Al'Anfanern, den Kemi, die Nisut Ela die Treue halten, und den Anhängern Rhôndas, ist als vierte Partei das Horasreich an dem Konflikt beteiligt. Die Horasier sind einerseits langjährige Verbündete der Kemi, legen anderseits aber auch hohen Wert auf die Wahrung ihrer eigenen Interessen in Meridiana.

Zwar sind der Ausgang des Krieges, die Eroberung des Kemi-Reiches durch Al'Anfa und die Installation einer Marionettenregierung im offiziellen Aventurien festgelegt, die Helden können aber durch ihre Entscheidungen maßgeblich mitbestimmen, wie bestimmte

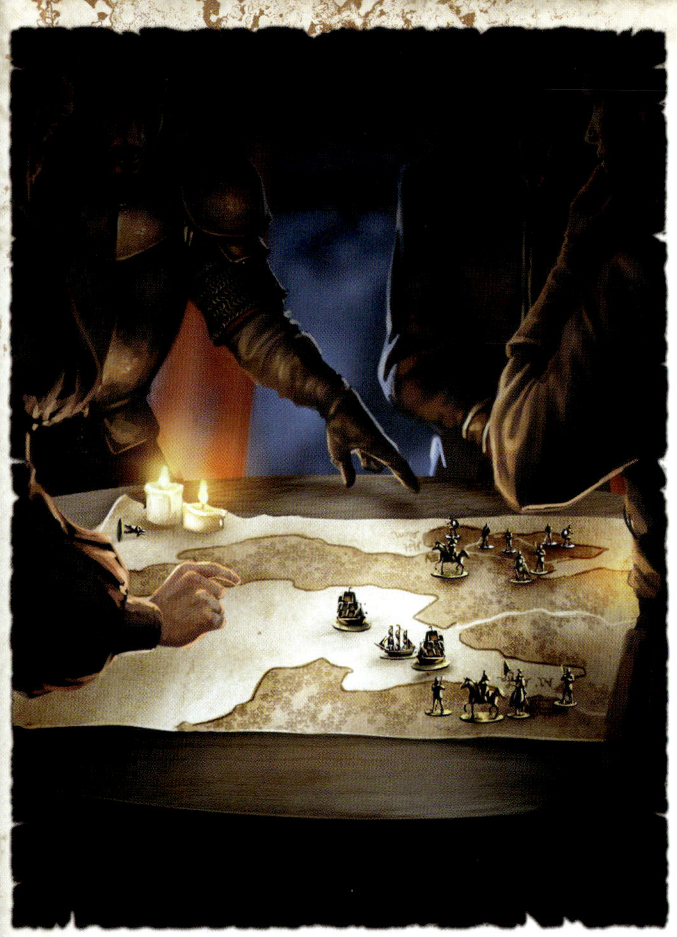

Ereignisse verlaufen. Sie können die Invasion nicht nur miterleben, sondern an entscheidenden Schlüsselstellen selbst vorantreiben – oder sie sabotieren – und damit beeinflussen, welche langfristigen politischen Folgen sich, auch über den Konflikt hinaus, ergeben. Es ist daher auch möglich, die Kampagne mit einer Gruppe zu spielen, die (insgeheim) auf Seiten der Gegenspieler des Imperiums steht und an entscheidenden Stellen versuchen kann, die Pläne Al'Anfas zu unterwandern.

Vorbereitungsaufwand und Anspruch der Abenteuer erhöhen sich in diesem Fall, da die Helden nahezu alle Aufgaben erledigen können bzw. müssen, die auch eine al'anfanische Gruppe verfolgt. Darüber hinaus haben sie zusätzliche Aufträge zu bewältigen und müssen stets darauf achten, ihre Tarnung aufrechtzuerhalten.

Insgesamt besteht die Kampagne aus sechs Bänden und kann am Rande mit kleineren Szenarien weiter ausgebaut werden. Als Teil der *Rabenkrallen* führen die Helden darin verschiedene Missionen aus, die den Verlauf des Krieges maßgeblich beeinflussen.

Der zentrale, **vordergründige Strang** der Kampagne dreht sich um den Feldzug und die Rolle, welche die Kämpfer der Spezialeinheit dabei spielen. Dies beginnt mit der Landung an der Nordküste von Kemi, wo die Helden in Qinsay die Hafenverteidigung sabotieren, um der al'anfanischen Streitmacht ein schnelles Anlanden zu ermöglichen. Von dort aus führt ihr Weg in den tiefen Dschungel und dann weiter in die Teerminen im Westen Kemis. Nachdem sie bei Mehat an der entscheidenden Schlacht des Krieges teilnehmen, reisen sie nach Hôt-Alem, wo es gilt, hinter den Kulissen eine wichtige Einigung zu erreichen und schließlich zur großen Tempelfestung von Laguana, mit deren Eroberung der Konflikt sein Ende findet. Die Helden steigen während des Feldzuges nicht nur im Ansehen, sondern auch in Rang und Einfluss auf und werden dementsprechend mit immer wichtigeren Aufträgen betraut.

Weniger offensichtlich verläuft ein zweiter, **hintergründiger Strang**, der die Intrige einer Verschwörergruppe zum Thema hat. Im Laufe der Kampagne stoßen die Helden mehr und mehr auf Hinweise. Die Verschwörer versuchen, hinter den Kulissen Einfluss zu nehmen und den Feldzug zu nutzen, um ihren eigenen Machthunger zu stillen.

Einen Überblick zur zeitlichen Einordnung des Abenteuers findest du in der **Zeittafel** im Anhang dieses Abenteuerbandes.

Abweichende zeitliche Verortung des Abenteuers
In der offiziellen Aventurischen Geschichtsschreibung nimmt der Rabenkrieg im Boron 1042 BF mit der Landung al'anfanischer Truppen seinen Anfang und endet mit der Eroberung der Tempelfestung von Laguana. Da es in der Region kaum Unterschiede zwischen den Jahreszeiten gibt, ist auch eine andere zeitliche Verortung der Kampagne möglich, ohne dass eine größere Umgestaltung der Abenteuer erforderlich ist. Bei einer Verschiebung um mehrere Jahre in die Vergangenheit oder in die Zukunft ist jedoch zu berücksichtigen, dass auf einige politische Verstrickungen in der Region wie auch im Horasreich Bezug genommen wird und die Folgen des Krieges nachhaltige Auswirkungen auf das Machtgefüge in Meridiana, insbesondere das Gleichgewicht zwischen Goldener Allianz und Rabenpakt, haben.

Verschwörer und ihre Pläne

Neben Kemi-Soldaten, Waldmenschen, Achaz und allerlei Getier müssen sich die Helden im Verlauf der Kampagne auch mit Feinden in den eigenen Reihen herumschlagen. *Emilia Bonareth*, das Oberhaupt der Grandenfamilie, entkam durch geschicktes Leugnen und sorgfältiges Verwischen der Spuren den Nachstellungen im Nachgang der Rabenbund-Verschwörung. Voller Zorn brennt sie nun darauf, sich an Oderin du Metuant dafür zu rächen, dass er die Rechte des Emporkömmlings Said auf Zugehörigkeit zum Haus Bonareth anerkannt hat. Emilia will beide, Said und Oderin, tot sehen. Deshalb hat sie sich mit zwei unzufriedenen Granden zusammengetan: Generalin Marvana Zornbrecht (siehe **Die Zähne des Kaimans** Seite **24**), eine mäßige Heerführerin, die sich selbst aber als brillant betrachtet und sich von Oderin völlig unter Wert geschätzt fühlt, sowie dem Borongeweihten Odilo Kugres-Estrazar (siehe **Die Zähne des Kaimans** Seite 25). Der verschlagene Intrigant und ehemalige Vertraute des exekutierten Verschwörers ✠*Brotos Paligan* steigt im Laufe der Kampagne immer weiter in Oderins Gunst auf. Über lange Zeit tritt er als ein scheinbar verlässlicher Verbündeter der Helden auf. In Wahrheit plant er jedoch, den Feldzug zu nutzen, um die Rabenbund-Verschwörung doch noch zu ihrem Ziel zu führen.

Die Verschwörer und die Helden

Die Helden kommen dem Komplott nach und nach auf die Schliche und finden immer mehr Hinweise, bis sie, im finalen Abenteuer der Kampagne, die Verschwörer entlarven können. Dieser Handlungsstrang ist weitgehend ergebnisoffen, das heißt, es steht den Helden frei, wie sie mit den Verschwörern umgehen. Dies gilt auch für Helden, welche die Kampagne im Auftrag des Horasreiches bestreiten. Berichten sie nach den ersten Hinweisen von ihren Erkenntnissen, erhalten sie den Befehl, möglichst viel über die Verschwörung herauszufinden sowie die Namen der Beteiligten in Erfahrung zu bringen.

Die an dem Komplott beteiligten Figuren werden im offiziellen Aventurien nicht weiter aufgegriffen, ihr Schicksal liegt in der Hand der Helden. Die Erkenntnisse, die die Helden in Hinblick auf diesen hintergründigen Erzählstrang gewinnen können, sind mit dem folgenden Symbol gekennzeichnet:

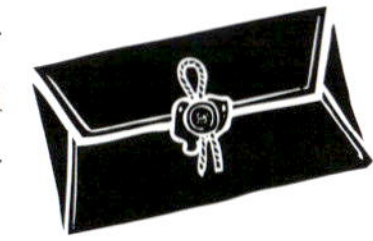

Anfangs hatten die Helden nur einige wenige Hinweise zu Verfügung, aus denen sie schließen konnten, dass Marvana Zornbrecht über ein Netz aus Verbündeten verfügt und diese möglicherweise an der Umsetzung eines größeren Planes arbeiten. Im dritten Teil der Kampagne konnten sie nun einige weitere Einzelheiten herausfinden. Sie wissen inzwischen, dass die Verschwörer direkten Zugang zu Informationen haben müssen, die nur in der unmittelbaren Umgebung des Schwarzen Generals zu erhalten sind. Doch noch immer kennen die *Rabenkrallen* weder das gesamte Ausmaß des Komplotts noch die Namen aller Beteiligten.

Im Laufe dieses Abenteuers finden die Helden die Bestätigung dafür, dass die Verschwörer tatsächlich einen besonderen Hass gegen Said Bonareth hegen. Sie können außerdem deren unmittelbare Pläne vereiteln und ziehen dadurch vermehrt die Aufmerksamkeit von Odilo Kugres-Estrazar auf sich, der den *Rabenkrallen* zwar weiterhin seine aufrichtige Unterstützung vorspielt, sie inzwischen aber insgeheim als ernsthafte Bedrohung betrachtet. Bei der Befreiung Saids kommen die Helden erstmals mit dem seltenen Gift *Das Blut des Landes* in Berührung, einem weiteren Mosaikstück, das es ihnen später ermöglichen wird, die Pläne der Verschwörer zu erkennen.

Die Einzelabenteuer

In **Die Zähne des Kaimans**, dem ersten Abenteuer der Kampagne, ist der mittlere Teil der al'anfanischen Invasionsstreitmacht in Qinsay an der Nordküste des Kemi-Reiches gelandet und hat Stadt und Hafen unter seine Kontrolle gebracht. Parallel haben auch in Kolchis im Westen und in Yleha im Norden erfolgreiche Landungen stattgefunden.

In **Der Biss der Spinne** sind die Helden als Kundschafter an der Spitze des mittleren Invasionskeils nach Süden vorgedrungen, mussten aber miterleben, wie ihre Streitmacht durch die Fehlentscheidungen der Generalin Marvana Zornbrecht eine blutige Niederlage erlitten hat. Nach einem kräftezehrenden Marsch quer durch den Dschungel gelangten sie nach Yleha, wo sie Oderin du Metuant, dem al'anfanischen Oberbefehlshaber, von den Taten der Generalin berichteten.

Nachdem der Schwarze General einem Attentat nur knapp entgangen ist, wurden die *Rabenkrallen* in **Der Sturz des Adlers** ausgesandt, um den Auftraggeber des Anschlags, den horasischen Gesandten Mariano ya Strozza, aufzuspüren und zur Rechenschaft zu ziehen. Die Spur des umtriebigen Diplomaten führte sie erneut hinter die feindlichen Linien und bis in die Achaz-Stadt Zraah.

Im vorliegenden vierten Abenteuer begleiten die Helden die Hauptstreitmacht des Boronszuges auf ihrem Weg nach Süden. Der Weg nach Mehat führt über schmale Dschungelpfade und die *Rabenkrallen* werden der Vorhut des Heerzuges vorausgeschickt, um gegnerische Späher zu überwältigen und die Sicherheit des Weges zu prüfen. Im Dorf Mehat treffen sie auf eine Vorhut des feindlichen Heeres und müssen die Stellung halten, bis Verstärkung eintrifft.

Unmittelbar darauf werden sie von Oderin du Metuant und der Kemi-Prinzessin Rhônda mit einer vertraulichen Aufgabe betraut. Said Bonareth, der Befehlshaber der *Rabenkrallen*, wird vermisst und mit ihm eine bedeutsame Waffe; die Mission der Helden lautet fortan: Findet das Schwert des Heiligen Laguan! Die Suche führt in ein verlassenes Bergwerk, wo sie Said und das Schwert retten und weitere Hinweise auf die Pläne der Verschwörer erhalten können.

Im Anschluss gilt es, der Verstärkung aus dem Süden den Weg über den Gereh-Pass zu bahnen. Die große Schlacht bildet das Finale des Abenteuers. Die Helden können ihren Teil dazu beitragen, den Verlauf der Schlacht von Mehat mitzugestalten und ihren Kampfesmut unter Beweis stellen.

Geeignete Helden

Die Kampagne spielt in Meridiana und dementsprechend sind Helden aus dieser Region besonders geeignet, insbesondere dann, wenn sie patriotische Gefühle für die Schwarze Allianz (oder deren Gegenspieler) hegen und ein Interesse daran haben, für den Erfolg ihrer Heimatnation zu kämpfen. Zentrales Thema der Handlung ist der namensgebende Rabenkrieg und an vielen Stellen sind ein starker Schwertarm und Mut im Kampf von Nutzen. Söldner, Soldaten und viele andere Kämpferprofessionen können mit ihren Fähigkeiten glänzen. Weiterhin sind bei den Missionen Kenntnisse im heimlichen Eindringen, Schleichen und Öffnen von Schlössern und Riegeln von Vorteil, bei der Infiltration feindlicher Siedlungen und Militärposten auch das Wissen

um den geschickten Einsatz von List und Täuschung. Gleiches gilt für Fähigkeiten im Bereich Informationsbeschaffung, Verhandlung und Verhör. Dies ermöglicht es, dass selbst Abenteurer, die nicht über den besten Ruf verfügen oder bereits einmal mit dem Gesetz in Konflikt geraten sind, ihren Weg in die Reihen der *Rabenkrallen* finden können. Allerdings sollten auch solche Helden eine gewisse Widerstandsfähigkeit mitbringen, da auch sie der handfesten Seite des Krieges kaum aus dem Weg werden gehen können.
Auf den Märschen und Erkundungsmissionen durch den dichten Dschungel bieten sich für wildniskundige Helden viele Möglichkeiten, ihre Nützlichkeit zu beweisen. Dies gilt insbesondere, wenn sie aus der Region stammen oder zumindest mit der örtlichen Flora und Fauna vertraut sind. Auch heilkundige Helden, etwa ein Medicus oder eine Feldscherin, werden an verschiedenen Stellen ihre Fähigkeiten zum Vorteil der Gruppe anwenden können.
Magiebegabte Helden erweitern den Handlungsspielraum der Gruppe und können sowohl als offen auftretende Zauberkundige wie auch als heimliche Magiewirker einen wertvollen Beitrag zum Erfolg leisten. Besonders passend wären im ersten Fall Magier aus den Akademien Al'Anfa und Mirham, aber auch ein Animist der Waldmenschen könnte in der Spezialeinheit Aufnahme finden, sofern er Gründe hat, sich dem Unternehmen anzuschließen. Aufgrund der Heimlichkeit, die bei vielen der verdeckten Missionen erforderlich ist, passen aber auch diskrete Zauberwirker wie Magiedilettanten oder südaventurische Spinnenhexen gut in die Gruppe.
Unter den zwölfgöttlichen Geweihten eignen sich vor allem die Priester des grimmigen Schlachtengottes Kor sowie Borongeweihte des Al'Anfaner Ritus. Ebenso könnte ein verdeckter Diener des listigen Phex unter den Spezialisten der *Rabenkrallen* zu finden sein.
Da es sich um einen militärischen Feldzug handelt, sind Helden, die Gewalt aufgrund ihrer Profession oder ihrer Moralvorstellungen ablehnen, nur schwer in das Geschehen zu integrieren. Ungeeignet sind ebenso Charaktere, die eine Abneigung gegen Geheimoperationen, Intrigen, List und Lüge haben. Auch Helden, die in Südaventurien als Exoten gelten, beispielsweise Elfen, Zwerge, Gjalsker und ähnliche, sind wegen ihrer Auffälligkeit weniger geeignet und sollten zumindest über nützliche Fähigkeiten verfügen, um dennoch für den Einsatz in der Spezialeinheit in Betracht gezogen zu werden.

Die Motivation

Die Kampagne bietet die Möglichkeit, sie sowohl mit Helden zu spielen, deren Loyalität Al'Anfa gilt, als auch eine Gruppe ins Feld zu führen, die auf Seiten des Horasreiches und seiner Verbündeten in der Goldenen Allianz steht. In beiden Fällen sollten die Helden – zumindest zu Beginn des Krieges – überzeugt davon sein, auf der richtigen Seite zu stehen und für eine gute Sache zu kämpfen. Neben Treue und Patriotismus können auch persönliche Sympathien (oder Antipathien), religiöse Überzeugungen in Bezug auf den göttergewollten (oder gegen göttlichen Willen verstoßenden) Boronszug oder die Aussicht auf Bezahlung und reiche Beute eine starke Motivation sein.
Das folgende Symbol kennzeichnet Abschnitte, die speziell auf Helden im Dienste des Horasreiches zugeschnitten sind:

Der Krieg und die Moral

Eine Besonderheit der **Rabenkrieg**-Kampagne besteht darin, dass die Helden eine Invasion und einen anschließenden Eroberungsfeldzug auf Seiten der Aggressoren erleben. Das beschriebene Kriegsszenario soll weder beschönigt noch romantisch verklärt werden. Die Hauptmotivation für die meisten Soldaten und Söldner in Diensten Al'Anfas ist Gehorsam und die Aussicht auf reiche Beute, nicht der Wille, Gutes zu tun. Hinzu kommen bewusst genährter Patriotismus und das Dogma des al'anfanischen Boronglaubens – Motive, die auf Seiten der Spieler leicht einen schalen Beigeschmack hinterlassen können. Hier kann ein klärendes Gespräch innerhalb der Gruppe sinnvoll sein, um gemeinsam mit deinen Spielern zu besprechen, wie düster und realistisch ihr die Kampagne ausgestalten wollt.
Im Verlauf der Handlung werden die Helden an verschiedenen Stellen mit Gewissenskonflikten konfrontiert. Sie stehen vor schwierigen Entscheidungen und geraten in Situationen, in denen ihr Auftrag oder ihre Befehle fragwürdige Handlungen erfordern und dadurch mit ihrem moralischen Empfinden in Widerstreit geraten können. Dies kann als Spielelement durchaus reizvoll sein, weil es die Charaktere dazu zwingt, über ihre eigenen Prioritäten nachzudenken, sich Zweifeln zu stellen und gegebenenfalls ungewöhnliche Lösungen zu finden, mit denen sie allen Ansprüchen gerecht werden. Wenn deine Spieler dies spannend finden, kannst du auch die Auseinandersetzung mit Skrupeln, Selbstvorwürfen und Schuldgefühlen zu einem Thema der Kampagne machen.
Die Abenteuer sollen auch für Helden mit feststehenden Prinzipien und Überzeugungen spielbar sein, an einigen Stellen finden sich daher Hinweise, wie du als Meister mit solchen Situationen umgehen kannst und wie bestimmte Szenen (auf)gelöst oder abgeändert werden können. Eine Möglichkeit ist in diesem Fall, die Thronprätendentin Rhônda von Anfang an aktiv als gefährlich, mitunter von Rachedurst getrieben zu porträtieren, sodass die Helden sich als bewusster Gegenpol positionieren können, um die Gräuel des Krieges auf ein notwendiges Minimum zu begrenzen.

Um die Helden aktiv am Kriegsgeschehen teilhaben zu lassen und ihnen gleichzeitig größtmögliche Handlungsfreiheit zu geben, sind sie nicht Teil einer regulären militärischen Einheit. Stattdessen werden sie für eine in kleinen Trupps operierende Spezialeinheit angeworben, die im Laufe des Feldzuges mit der Durchführung verschiedener Kommandounternehmen beauftragt wird. Sie sind daher nicht in die starre Struktur der al'anfanischen Armee gepresst und können häufig nach eigenem Ermessen über ihr Vorgehen entscheiden. Gleichwohl unterstehen sie grundsätzlich vorgesetzten Offizieren und sind in einigen Situationen auch klar an deren Befehle gebunden. Helden, die diese Form der Autorität aufgrund ihres Wesens oder ihrer Überzeugungen ablehnen, sollten eine Motivation besitzen, sich dennoch für die Zeit des Feldzuges an die gegebenen Bedingungen anzupassen. Sei es, dass sie durch eine in Aussicht gestellte Belohnung (Geld, Ruhm, Straferlass) gelockt werden, dass sie die Notwendigkeit einer klaren Befehlshierarchie bei einem größeren militärischen Unternehmen erkennen oder dass sie ihren Gefährten zuliebe diese Einschränkung auf sich nehmen.

Rassismus und Kolonialismus im Spiel

Die Welt von **Das Schwarze Auge** orientiert sich lose an einem Setting mittelalterlicher Phantastik. Viele der Strukturen und Hintergründe, welche heute den Kontinent Aventurien ausmachen, sind im Laufe seiner fünfunddreißigjährigen Geschichte langsam gewachsen und haben sich immer wieder verändert. Zum Kontinent Aventurien gehören jedoch nicht nur epische Heldentaten, sondern auch schurkische Umtriebe, gegen die strahlende Helden aufbegehren können!

Für viele Aventurier ist es normal, auf die Stammeskultur der Dschungelbewohner herabzublicken. Kaum vorstellbar erscheint es einem al'anfanischen Granden, dass ein Waldmensch außerhalb befestigter Städte mit all ihren Vorzügen ein erfülltes Leben genießen kann. Kaum kommt es einer Gewürzhändlerin in den Sinn, dass die Utulustämme der Waldinseln keine rechte Verwendung für das Gold haben könnten, dass sie ihnen im Austausch gegen ihre Gewürze anbieten mag. Einige Kolonialmächte, allen voran natürlich das mächtige Al'Anfa, hegen wenig Skrupel, mit Gewalt in die Gebiete der Stämme einzudringen, um sich ihre Ressourcen einzuverleiben, denn die nach ungewohnten Prinzipien organisierten Dorfgemeinschaften erscheinen in den Augen der aventurischen Kolonialmächte kaum als kultiviert.

Diese inneraventurische Perspektive mag so manch ein In-Game-Text in diesem Band durchaus einnehmen, jedoch möchten wir in unseren Beschreibungen eine unvoreingenommene Perspektive auf die südaventurischen Stammeskulturen bieten, ohne dabei in erster Linie den Standpunkt eines hellhäutigen Südaventuriers einzunehmen. Vorurteile und Klischees mögen einen Ansatzpunkt für interessante Szenen im Rollenspiel bieten, doch in welchem Maße ihr die Folgen des irdischen Kolonialismus auf eure Spielwelt übertragen möchtet, inwiefern ihr Diskriminierung in euer Spiel in Aventurien aufnehmen möchtet, bleibt ganz eurer Runde überlassen.

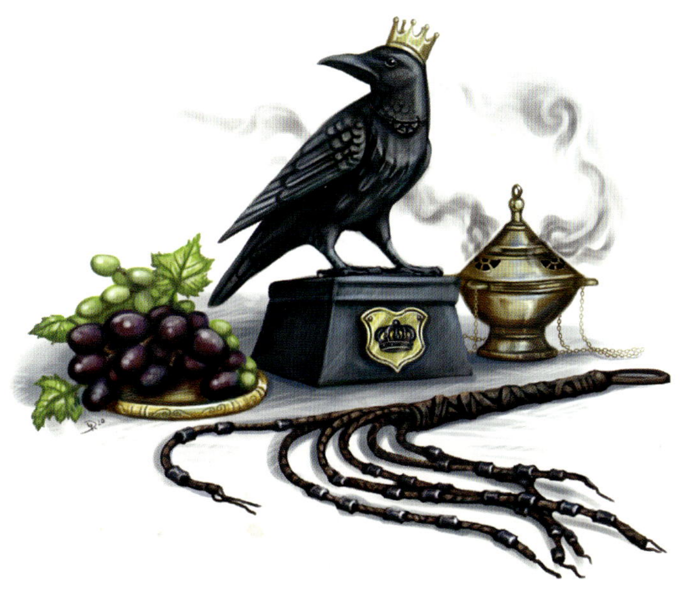

DER WEG NACH MEHAT

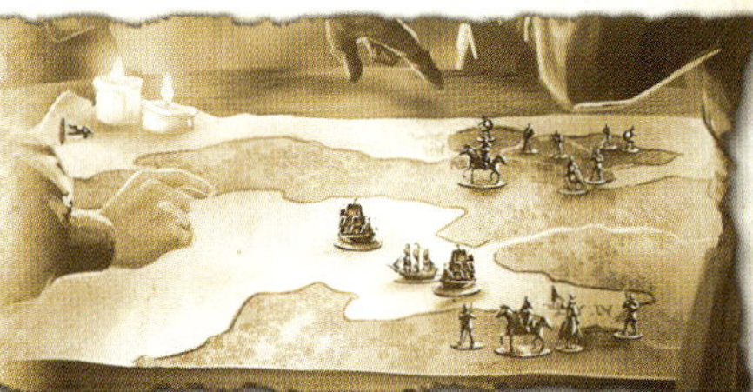

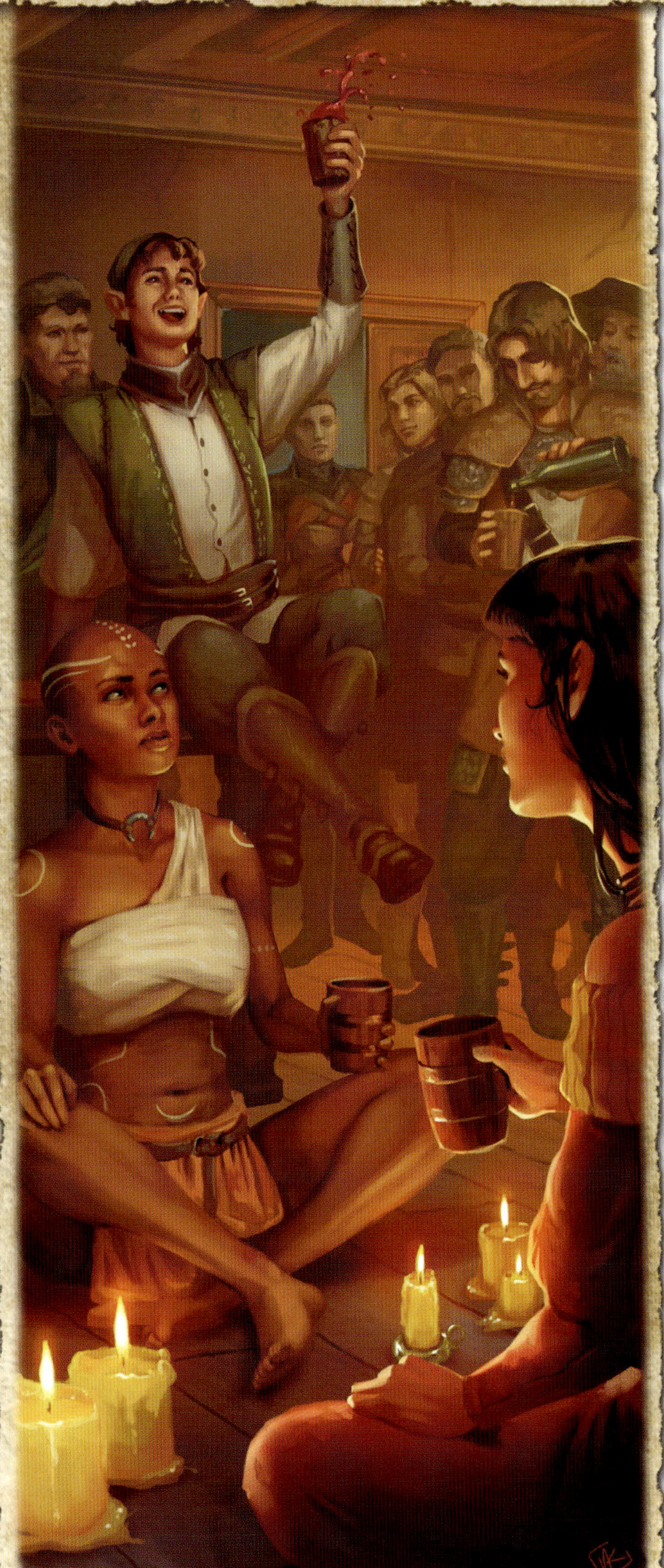

Die Handlung des Abenteuers setzt unmittelbar nach dem Ende des vorangegangenen Teils der Kampagne ein. Der Boronszug zieht unter der Führung von Prinzessin Rhônda und Oderin du Metuant von Yleha aus weiter, um den Gereh-Pass zu überqueren und die Südküste des Landes zu erreichen. Die Heldinnen erhalten den Auftrag, gemeinsam mit weiteren Kämpfern der *Rabenkrallen* als Vorauskommando, noch vor der eigentlichen Vorhut des al'anfanischen Heeres, nach Süden vorzudringen. In dem verlassenen Holzfällerdorf Mehat treffen sie zunächst auf Späher und später auf weitere Truppen der Kemi-Armee. Im Kampf gegen diese müssen sie den Ort verteidigen bis die Vorhutgeplänkel beim Eintreffen der al'anfanischen Hauptstreitmacht am Abend zum Erliegen kommen.

Die Neuen
Heldinnen, die **Die Krallen der Löwin** als Einzelabenteuer ohne Einbindung in die gesamte Kampagne erleben, gelangen mit einem Nachschubtransport direkt aus Al'Anfa nach Yleha. Sie wurden als Ersatz für bei den vorangegangenen Kämpfen getöteten oder verwundeten *Rabenkrallen* rekrutiert. Voraussetzung ist in diesem Fall, dass die Heldinnen sich bereits einen gewissen Ruf in Meridiana erarbeitet haben oder einflussreiche Fürsprecher besitzen, sodass sie als eine geeignete Wahl für die bevorstehende Mission erscheinen. Alternativ kann der Auftrag auch ihre erste Bewährungsprobe als *Rabenkrallen* sein. In diesem Fall führt anfangs eine der erfahreneren *Rabenkrallen*, etwa die Korgeweihte *Morisca*, die Vorhut, die dann auch den Befehl erhält, Said Bonareth zu berichten, wie sich die Heldinnen geschlagen haben.

Einstieg für Heldinnen im Auftrag des Horasreiches

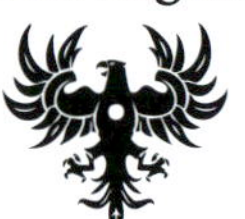

Sollen deine Heldinnen das Abenteuer auf Seiten des Horasreiches bestreiten, wurden sie kurz zuvor von der horasischen Gesandten *Carvaia ya Dergamon* (*999 BF, blondes, aufwendig frisiertes Haar, aufrechte Haltung, arrogant und eitel; meisterliche Diplomatin, kompetente Intrigantin; Betören 13 (14/15/15), Menschenkenntnis 12 (13/13/15), Überreden 13 (14/13/15), Willenskraft 10 (14/13/15), SK 2) angeworben. Diese hat die Heldinnen mit gefälschten Dokumenten und Marschbefehlen ausgestattet, die sie als Expertinnen aus einem weiter entfernten al'anfanischen Stützpunkt in der Charyptik und Neuzugang für die *Rabenkrallen* ausweisen. Carvaia hofft, dass ihre Agentinnen als *Rabenkrallen* getarnt am ehesten an wichtige Informationen über den aktuellen Stand des Feldzuges und dessen geplanten weiteren Verlauf gelangen können. Wenn möglich, sollen sie außerdem versuchen, positiv aufzufallen, um die Aufmerksamkeit des Schwarzen Generals zu wecken und zu diesem Zugang zu bekommen. Said Bonareth nutzt die Vorhut-Mission, um die neuen, ihm unbekannten Soldatinnen zu testen und ein Gefühl dafür zu bekommen, wie fähig sie wirklich sind.

Yleha
Region: Hauptstadt der Provinz Yleha, größte Hafenstadt an der Nordküste des Kemi-Reiches
Einwohner: 500
Herrschaft: Prinzessin Rhônda IX. Setepen
Tempel: Boron (kem'scher Ritus), Rondraschrein
Handel und Gewerbe: Fischfang, kleine Werft (Bootsbau)
Besonderheiten: Die Festung von Yleha ist Oderin du Metuants Hauptquartier während der ersten Phase des Krieges.
Stimmung in der Stadt: In Yleha lebten schon vor Beginn des Boronszuges viele Sympathisanten Rhôndas. Nach der unblutigen Einnahme der Stadt durch die Prinzessin und ihre al'anfanischen Verbündeten werden die Truppen von den Einheimischen eher als Befreier denn als Eroberer betrachtet. Nirgendwo sonst haben sich so viele Kemi freiwillig dem Boronszug und dem Banner Rhôndas angeschlossen wie in Yleha. Westlich der Stadt wurde ein großes Zeltlager errichtet, in dem al'anfanische Truppen lagern, darunter auch Eliteeinheiten und Ordenskrieger vom Orden des Schwarzen Raben, die Oderin als Reserve zurückhält. Die Stimmung unter den Soldaten ist entspannt und siegesgewiss, der einheimischen Bevölkerung begegnet man zumeist aufgeschlossen.

Gerüchte über den Kriegsverlauf

Während sich die bisher in Yleha stationierten Einheiten für den Marsch nach Süden bereitmachen, kursieren in der Stadt wie auch im Feldlager die unterschiedlichsten Gerüchte. Je nachdem, mit wem die Heldinnen im Feldlager oder später beim Wiedersehen mit den anderen *Rabenkrallen* ins Gespräch kommen, können sie die unterschiedlichsten Neuigkeiten aufschnappen. Möglicherweise werden sie auf diesem Weg auch mit ihren eigenen (womöglich verfremdeten) Taten konfrontiert. Nachfolgend einige beispielhafte Gerüchte, die du auswählen oder zufällig (1W6) bestimmen kannst:

Der Marsch nach Süden ... (1W6)

1 ... ist der entscheidende Vorstoß. Wenn es gelingt, bis zur Südküste vorzudringen, werden die dort lebenden Anhänger Prinzessin Rhôndas sich dem Boronszug anschließen, und dann ist der Sieg unausweichlich. (+)

2 ... ist auch für Königin Ela und ihre Speichellecker ein Signal, dass es jetzt um alles geht. Sie werden tun, was sie können, um ihn aufzuhalten. (+)

3 ... ist lediglich eine aufwendige Finte. In Wahrheit plant Oderin du Metuant den entscheidenden Angriff mit der Schwarzen Armada von See her. Commandante Delazar ist mit seinem Geschwader bereits unterwegs. (-)

4 ... dient in Wahrheit nur dazu, Prinzessin Rhônda zu finden, die mit ihrer Streitmacht im Dschungel verloren gegangen ist. Wahrscheinlich haben die Achaz sie geholt. (-)

5 ... soll von Generalin Marvana Zornbrecht befehligt werden. Das ist der Grund, warum sie schon seit Tagen um den Schwarzen General herumstreicht, wie eine Straßenkatze um die Milchschale. (-)

6 ... ist notwendig, um eine rasche Entscheidung herbeizuführen. Nachdem Meuchler Oderins den horasischen Gesandten getötet haben, gilt es, den Feldzug schnell und siegreich zu beenden, ehe die erbosten Horasier in den Krieg eingreifen. (+/-)

Die Kemi ... (1W6)

1 ... haben erkannt, dass ein Erfolg des Boronszuges vom Überleben Prinzessin Rhôndas abhängt. Wenn sie stirbt, stirbt ihr Thronanspruch mit ihr. Sie haben sicher bereits ihre Meuchler ausgesandt, um Rhônda zu ermorden. (+)

2 ... sind zahlenmäßig unterlegen, aber ihre Heerführerin, Chanya al'Plâne, ist eine Hexe und mit dem Namenlosen im Bunde. Sie nennen sie die aranische Löwin. Sie scheut keine Hinterlist, deshalb sind die Truppen unter ihrem Befehl stets siegreich. (+/-)

3 ... sind verzweifelt, seit ihre Heerführerin Chanya al'Plâne ihnen den Rücken gekehrt hat. Die aranische Löwin hat sich vom al'anfanische Golde locken lassen und ist bereit überzulaufen. (-)

4 ... stehen kurz davor, sich zu ergeben. Die falsche Königin Ela ist bereit, sich ihrer Schwester Rhônda zu unterwerfen und ihr die Füße zu küssen. (-)

5 ... haben alles zusammengezogen, was eine Waffe tragen kann, um einen Gegenangriff auf Yleha zu führen. In ihren Reihen kämpfen nicht nur Waldmenschen, sondern auch abscheuliche Sumpfkreaturen und leibhaftige Dämonen. (-)

6 ... sind dringend auf horasische Unterstützung angewiesen, wenn sie Al'Anfa dauerhaft die Stirn bieten wollen. Aber nachdem Oderin den Kopf des horasischen Gesandten auf eine Lanze gespießt hat, können sie sich diese Hoffnung abschreiben. (+/-)

In Borons Auftrag

Der horasische Gesandte im Kemi-Reich wurde, nachdem er ein Attentat auf Oderin du Metuant organisiert hatte, von Kämpfern der *Rabenkrallen* gejagt und getötet. Als Zeichen der Vergeltung und zur Abschreckung, um derartige Anschläge in der Zukunft zu unterbinden, ließ der Schwarze General den Kopf des Horasiers auf eine Lanze spießen und vor seinem Hauptquartier in Yleha zur Schau stellen.

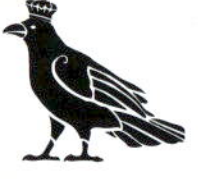

Haben die Heldinnen bereits im vorangegangenen Teil der Kampagne eine Beisetzung von Marianos Haupt erreicht, handelt es sich bei dem zur Schau gestellten Kopf um den des al'anfanischen Offiziers *Losian Tiamatin*, der als horasischer Spion enttarnt wurde.

Die Borongeweihte *Mutter Corvina* (Mitte 30, kahles Haupt, sanfte Stimme, tief borongläubig, gefestigte Moral, ruhiges Gemüt; meisterliche Seelsorgerin; Heilkunde Seele 16 (14/14/14), Willenskraft 14 (14/14/14), SK 2), die mit dem letzten Versorgungstransport aus Al'Anfa eingetroffen ist, wird Zeugin der Zurschaustellung. Sie ist überzeugt, dass der Umgang mit dem Leichnam des Toten, unabhängig davon, was er zu Lebzeiten getan hat, nicht dem Willen des Rabengottes entspricht und versucht, eine borongefällige Bestattung des Kopfes zu erreichen. Da Oderin du Metuant zunächst nicht bereit scheint, ihrer Bitte nachzukommen, wendet sie sich an dessen Berater *Odilo Kugres-Estrazar* (55, hager, helle Haut, kahlrasierter Schädel, leicht gebeugte Haltung, geduldig; meisterlicher Borongeweihter, meisterlicher Intrigant; Bekehren & Überzeugen 12 (14/16/15), Menschenkenntnis 14 (16/15/15), Überreden 15 (14/15/15), Willenskraft 14 (14/15/15), SK 3), der als Verbindungsperson zur Boronkirche in Oderins Stab dient. Odilo wiederum spricht die Heldinnen an und bittet sie um Hilfe, da er vermutet, dass die Stimmen von verdienten Soldatinnen eine wertvolle Unterstützung sein können, um Oderin in dieser Angelegenheit zu überzeugen.

Haben die Heldinnen in den vorangegangenen Abenteuern bereits Oderins Respekt und Vertrauen gewonnen, werden sie noch am gleichen Tag zu ihm vorgelassen und der General widmet ihnen einen Moment seiner knappen Zeit, um ihr Anliegen anzuhören. Andernfalls können sie während des abendlichen Besuchs Oderins im Quartier der *Rabenkrallen* die Gelegenheit nutzen, um ihn anzusprechen (siehe unten).

Mögliche Argumente für die Beisetzung des Kopfes könnten sein:

- Der Feldzug ist ein Boronszug, deshalb sollten die Gebote des gekrönten Raben, auch hinsichtlich des Umgangs mit Verstorbenen, befolgt werden.
- Die meisten in Yleha stationierten Truppen werden die Stadt in Kürze verlassen, daher lohnt es nicht, den Kopf noch länger vor der Festung als Abschreckung zur Schau zu stellen, da ihn ohnehin kaum eigene Soldaten sehen würden. Gleichzeitig könnten Einheimische das Symbol missverstehen.
- Den Kopf auf dem Zug nach Süden mitzuführen, könnte nicht nur die teilnehmenden Borongeweihten verprellen, sondern auch unter den Soldaten für Verunsicherung sorgen und die Moral schwächen, falls diese glauben, dadurch Borons Segen für das Unternehmen aufs Spiel zu setzen.

Oderin du Metuant, Procurator des Imperiums von Al'Anfa

Kurzcharakteristik: *969 BF, ergrautes, aber volles Haar, harte Züge, energisches Kinn, stämmig und muskulös, aufrechte Haltung, strategisch denkend, effizient, unbestechlich, gnadenlos; legendärer Heerführer

Agenda: Oderin ist schon jetzt eine lebende Legende und wird von seinen Soldaten und vielen Fanas inbrünstig verehrt. Dieser Mythos ist für ihn gleichermaßen Segen wie Fluch. In erster Linie ist er Militär und Stratege und hat erkannt, dass sein Versuch, Al'Anfa eine neue Ordnung aufzudrücken und die von ihm verabscheute Korruption und Vetternwirtschaft auszumerzen, nur in Teilen erfolgreich war. Vor allem aber weiß er, dass dieser Feldzug sein letzter sein könnte, ehe Boron ihn zu sich ruft, und er ist fest entschlossen, ihn mit einem triumphalen Sieg zu beenden, auch um seinen Nachruhm bei den Truppen und damit sein politisches Vermächtnis zu sichern.

Funktion: Der mächtigste Mann Al'Anfas ist der Oberbefehlshaber des Feldzuges; Im Laufe der Kampagne können die Heldinnen sein Wohlwollen erringen und in seinen Diensten aufsteigen. Als Förderer verfolgt er in

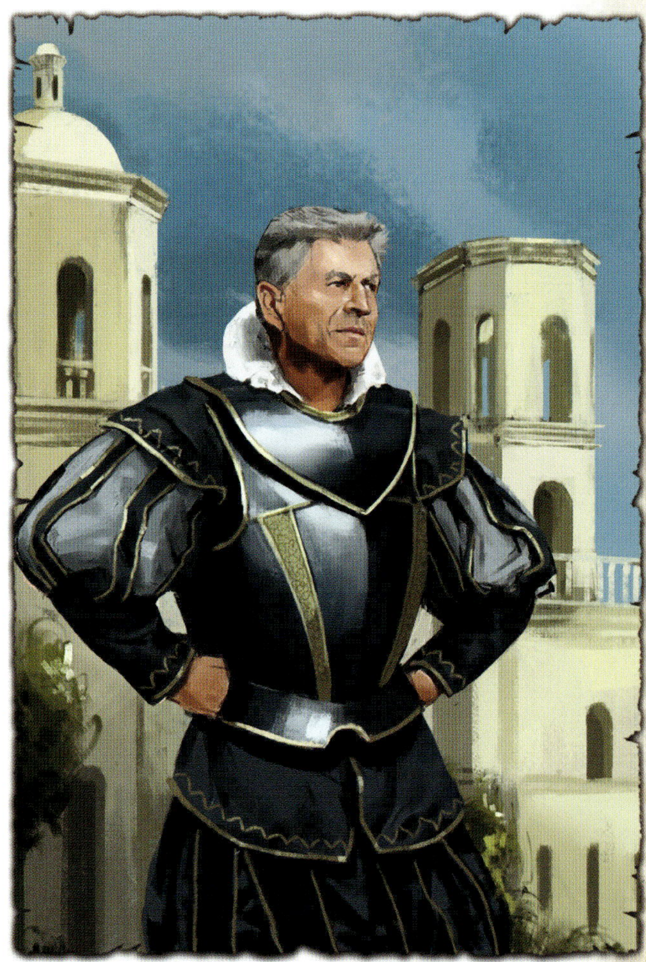

Zukunft die Taten der *Rabenkrallen* und zieht sie zunehmend für besonders wichtige und kriegsentscheidende Aufträge heran.

Hintergrund: Oderin hat sein gesamtes Leben im Dienste Al'Anfas verbracht und ist der Inbegriff eines verehrten Kriegshelden. Viele Jahre lang diente er im Orden des Schwarzen Raben, übernahm nach dem Tod Tar Honaks als Marschall-Gubernator den Oberbefehl im Khômkrieg und war dann ein Mitglied des Triumvirats, ehe er durch eine Intrige als Generalpräfekt nach Port Corrad abgeschoben wurde. Von dort aus kehrte er mit seinen Soldaten zurück, um Al'Anfa von der Schreckensherrschaft zu befreien. Seit er die Herrschaft über Stadt und Imperium übernommen hat, beansprucht er die gesamte weltliche Macht Al'Anfas. Sein offizieller Titel lautet Procurator, doch im Volk und von den Truppen wird er meist respektvoll der „Schwarze General" genannt. Als oberster Heerführer, Richter und Gesetzgeber vereint er alle Entscheidungsgewalt in seiner Person. Der Schwarze General fordert von seinen Untergebenen die gleiche Disziplin, Härte und bedingungslose Pflichterfüllung, die er sich selbst abverlangt, und ist es gewohnt, sich auf die absolute Loyalität seiner Veteranen verlassen zu können.

Darstellung: Oderin ist kein herzlicher Mann, sondern durch und durch Soldat. Seine Befehle sind klar und knapp, er verabscheut Ausflüchte und Schmeicheleien. Gespräche mit ihm verlaufen entsprechend kurz und sind stets ergebnisorientiert. Nachsicht sucht man bei ihm vergeblich, doch ist er durchaus bereit, anderen Anerkennung zu zollen, wenn sie sich in seinen Augen bewiesen haben. Oderin beobachtet lieber, als vorschnell zu handeln. Er misst sein Gegenüber lange und abschätzend und ergreift erst dann das Wort. Die Heldinnen werden Oderin im Laufe der Kampagne nur selten persönlich begegnen. Die wenigen Gelegenheiten, bei denen der oberste Heerführer ihnen Gelegenheit gibt, direkt mit ihm zu sprechen, sollten stets besondere Momente sein, die als Auszeichnung und Anerkennung ihrer Verdienste empfunden werden können.

Wichtige Werte: Geschichtswissen 13 (15/15/16), Kriegskunst 18 (18/15/16), Selbstbeherrschung 19 (18/18/16), Willenskraft 15 (18/16/15), SK 3

Schicksal: Oderin wird als Sieger aus dem Rabenkrieg hervorgehen, dadurch seine Macht in Al'Anfa festigen und den Einfluss des Imperiums in Südaventurien stärken.

»Es scheint, als sei die aranische Löwin fest entschlossen, uns ihre Krallen zu zeigen. Nun, wir werden sehen, wer am Ende blutend am Boden liegt.«

Unter Kameraden

Für den Vormarsch nach Süden hat der Schwarze General in Yleha seine besten Truppen versammelt. Auch die Spezialisten der *Rabenkrallen* wurden, soweit sie nicht an anderen Kriegsschauplätzen benötigt werden, von ihrem Kommandanten Said Bonareth zusammengerufen. In einer alten Villa ein Stück außerhalb von Yleha begegnen die Heldinnen nicht nur ihren vertrauten Kameraden (siehe Seite **15**), sondern treffen auch auf einige neue Gesichter.• Es handelt sich um verdiente Soldaten anderer Einheiten, die erst in den letzten Tagen zu den *Rabenkrallen* versetzt wurden.

• Wenn du magst, kannst du bei dieser Gelegenheit einige neue Figuren einführen, deren Leichname die Heldinnen bei der Untersuchung des Überfalls auf Saids Trupp wiederfinden werden (siehe Seite **29**).

Im Kreis der alten und neuen *Rabenkrallen* können die Heldinnen mit ihren bisherigen Erfolgen und Ruhmestaten auftrumpfen und auf das Andenken gefallener Kameraden anstoßen. Bei Kriegsanekdoten und reichlich gutem Wein lässt sich in vertrauter Runde ein feuchtfröhlicher Abend verbringen und über den weiteren Verlauf des Feldzuges spekulieren.

Kurz nach Einbruch der Dunkelheit erscheint überraschend Oderin du Metuant persönlich in der Villa. Er gibt sich volksnah und wird nur von wenigen seiner Vertrauten begleitet. Schnörkellos dankt er den *Rabenkrallen* für ihre Dienste und lobt ihren Mut und ihre Entschlossenheit. Gemeinsam mit Said würdigt der General die sieben Frauen und Männer aus den Reihen der *Rabenkrallen*, die in den zurückliegenden Wochen im Dienste Al'Anfas ihr Leben verloren haben und verspricht, ihr Andenken in Ehren zu halten.

Nach einem kurzen Vieraugengespräch mit Said gesellt sich Oderin zu den *Rabenkrallen* und erkundigt sich nach ihrer Meinung über den Feldzug und die bevorstehenden Kämpfe. Wenngleich der Besuch nur kurz ist, gelingt es dem Schwarzen General, die *Rabenkrallen* für sich zu gewinnen und ihnen das Gefühl zu geben, dass er ihnen in besonderer Weise vertraut und sie für den Erfolg des Boronszuges eine entscheidende Rolle spielen. Ehe er geht, spendiert er den Kämpfern noch ein Fass Rum aus seinen persönlichen Vorräten und ermahnt sie zugleich, es mit dem Feiern nicht zu übertreiben, da sie bereits am nächsten Morgen zu ihren neuen Missionen aufbrechen sollen. Auch nachdem Oderin gegangen ist, wirkt sein Auftritt nach. Es herrscht eine ausgelassene Stimmung und eine große Siegeszuversicht, beinahe könnte man glauben, der Krieg sei bereits gewonnen. Viele *Rabenkrallen* sind nicht nur betrunken, sondern auch berauscht von Stolz, nachdem der Schwarze General, der für sie eine lebende Legende ist, persönlich mit ihnen gesprochen und ihnen seine Anerkennung gezollt hat.

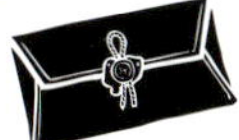

Said Bonareth nimmt zwar ebenfalls an der abendlichen Feier teil, wirkt aber abwesend und in Gedanken versunken. Er hält die meiste Zeit über Abstand zu den anderen Feiernden und trinkt nur wenig. Heldinnen, die in der Vergangenheit bereits ein Vertrauensverhältnis zu ihm aufgebaut haben, können ihn jedoch einzeln oder als kleine Gruppe ansprechen. Im vertraulichen Gespräch offenbart er, dass er sich wegen einer möglicherweise im Verborgenen gedeihenden Verschwörung sorgt, auf die auch die Heldinnen bereits vereinzelte Hinweise erhalten haben.

Gleichzeitig zweifelt Said aber auch, ob ein solch umfassendes Komplott wirklich existiert oder ob er nicht beginnt, unter Verfolgungswahn zu leiden – ein Wesenszug, der vielen Granden zu eigen ist. Im Vertrauen teilt er den Heldinnen mit, dass er einige *Rabenkrallen* beauftragt hat, nach Spuren der Verschwörung zu suchen, von diesen aber bereits seit einiger Zeit nichts mehr gehört hat.

Die Rabenkrallen

»Kriege werden nicht von dem Feldherrn gewonnen, der die meisten Soldaten auf dem Schlachtfeld hat. Sie werden von dem gewonnen, der die besseren Soldaten an der entscheidenden Stelle des Schlachtfelds hat.«
—Oderin du Metuant, Herrscher des Al'Anfanischen Imperiums, 1035 BF

Offizieller Name: Zweiter Versorgungstrupp der Fremdenlegion
Feldzeichen: schwarzer Wimpel mit goldener Rabenkralle
Wahlspruch: „Der Rabe hat Krallen."
Herkunft: Oderin du Metuant betrachtet die *Rabenkrallen* als Gegengewicht zur Meuchlergilde der Hand Borons, deren Loyalität in erster Linie Amt und Person des Patriarchen gilt und der er daher nur bedingt vertraut. Dagegen sind die *Rabenkrallen* ihm persönlich unterstellt und ihm verpflichtet, weshalb er bei wichtigen Aufgaben gerne auf die Spezialisten der kleinen Einheit zurückgreift.
Aufgabe: Nach den Plänen des Schwarzen Generals kommt den *Rabenkrallen* während des Feldzuges eine entscheidende Rolle bei der Einnahme von Schlüsselstellungen und Einsätzen hinter den Linien des Gegners zu. Die Spezialeinheit steht daher außerhalb der regulären Befehlskette und ihr Kommandant ist direkt Oderin du Metuant unterstellt. Die Soldatinnen operieren in kleinen Gruppen („Krallen") zu jeweils etwa fünf Kämpfenden. Sie genießen im Vergleich zu ihren Kameradinnen in den regulären Einheiten viele Freiheiten und bei Einsätzen hinter den feindlichen Linien einen beachtlichen Entscheidungsspielraum.
Um die wahre Funktion der Angehörigen der Einheit zu verschleiern, wird sie in offiziellen Depeschen und Truppenverzeichnissen stets nur als „Zweiter Versorgungstrupp der Fremdenlegion" bezeichnet.
Kommandant: Subcommandante Said Bonareth
Stärke: ca. 25 Soldaten und Offiziere (im Hesinde 1042 BF)

♜ Said Bonareth, Befehliger der Rabenkrallen

Kurzcharakteristik: *1012 BF, schwarzes Haar, dunkle Augen, gutaussehend, wachsam, zielstrebig; meisterlicher Meuchler, unerfahrener Offizier
Agenda: Said ist entschlossen, den Krieg zu nutzen, um sich zu beweisen und seinen neu errungenen Platz in den Reihen der Granden zu behaupten. Dabei mag sein Vorgehen durchaus moralisch ambivalent sein. Ausschlaggebend für sein Handeln sind jedoch weder Hass noch Sadismus, sondern allein der Blick für das Notwendige. Gleichzeitig setzt er sein Leben nicht leichtfertig aufs Spiel und fordert dies auch nicht von den Menschen unter seinem Kommando ein.
Funktion: Der Ansprechpartner und Vorgesetzte der Heldinnen ist in dieser Rolle noch unerfahren und stützt sich bereitwillig auf die Heldinnen, wenn diese sich als verlässlich erweisen.
Hintergrund: Der inzwischen legitimierte Bastard von ☸*Aurelian Bonareth* wurde als Sklave geboren und später von einem maraskanischen Meuchler ausgebildet. In dem Glauben an die Rechtmäßigkeit seines Anspruchs wandte er sich an das Haus Bonareth, um das Erbe seines Vaters einzufordern. Dadurch geriet er in Konflikt mit seinen Verwandten, insbesondere mit Emilia, dem aktuellen Familienoberhaupt der Bonareth. Nachdem er während des Umsturzversuches des Rabenbundes den Verschwörer Esmeraldo Paligan im Kampf tötete, wurde er von Oderin du Metuant begnadigt und in den Dienst der Armee gestellt. Im Rang eines Subcommandante führt er die neu aufgestellte Spezialeinheit. Er wird von den Granden, aber auch von vielen Soldaten und Offizieren misstrauisch und zugleich neugierig beäugt, da man ihn noch nicht so recht einschätzen kann. Nachdem einige Gerüchte über seine tollkühnen Taten im Umlauf sind, sind die Menschen gespannt darauf, was er tatsächlich vermag und ob er plant, sich als Oderins Handlanger weiter nach oben zu arbeiten.
Darstellung: Sprich entschlossen und klar, zögere jedoch, wenn du Gegenwind erfährst, und erkundige dich (nach einem Moment des Nachdenkens) nach den Gründen für die gegenteilige Meinung. Sieh dein Gegenüber aufmerksam an, während du ihm zuhörst. Du bist noch unerfahren in deiner neuen Rolle und dir wohl bewusst, dass du von Politik wenig Ahnung hast und daher Situationen nicht immer richtig einschätzt. Drehe niemandem ohne Not den Rücken zu. Du tust dich anfänglich schwer, zu vertrauen. Haben sich die Heldinnen jedoch erst einmal als loyal und verlässlich erwiesen, bist du bereit, dich ihnen zu öffnen.
Wichtige Werte: Menschenkenntnis 6 (12/15/14), Sinnesschärfe 12 (12/15/15), Willenskraft 11 (15/15/14), SK 2
Schicksal: Said wird den Feldzug überleben und kann für die Heldinnen im Verlauf des Krieges und auch in Zukunft ein wertvoller Kontakt in Al'Anfa sein.

Vorauskommando

Am nächsten Morgen werden die verkaterten *Rabenkrallen* früh geweckt. Manchen von ihnen stehen die Spuren der vergangenen Nacht noch deutlich ins Gesicht geschrieben, als sie ins helle Sonnenlicht taumeln. Said Bonareth versammelt seine Kämpfer im Innenhof der Villa und verteilt die Marschbefehle an die einzelnen Krallen. Nachdem er den *Rabenkrallen* ein letztes Mal eingeschärft hat, dass ihre Einsätze für den Erfolg des Feldzuges von großer Bedeutung sind, verabschiedet er sie ohne viele Worte.

Eine neue Aufgabe

Die Kralle der Helden soll gemeinsam mit einer weiteren Kralle der eigentlichen Vorhut der al'anfanische Streitmacht vorauseilen, um mögliche Hinterhalte auszuspähen und feindliche Kundschafter abzufangen. Vor allem aber sollen sie verhindern, dass die Kemi durch Sabotageakte den Vormarsch des Heeres verlangsamen. Ihr Weg führt sie dabei zunächst von Yleha aus in Richtung Fort Südergart und von dort aus weiter in Richtung Südwesten, bis sie die Küste erreichen. Sie sollen in regelmäßigen Abständen Nachrichten zurücklassen, die dann von der eigentlichen Vorhut, einer Schwadron der Fremdenlegion, aufgefunden und an die Hauptstreitmacht weitergeleitet werden können.

Die zweite Kralle

Die andere Kralle (Abbildung siehe Seite **60**) steht unter dem Befehl der Korgeweihten ♜ *Morisca Caobaz* (34, drahtig, rasierter Schädel, zahlreiche Kampfnarben, reglose Züge, kaltblütig und unnahbar; meisterliche Kriegerin, liebt einen guten Kampf, hasst durchschaubare Ausflüchte; Willenskraft 11 (16/14/14), SK 2). Die Helden könnten die Sargenta bereits aus Al'Anfa kennen (oder, falls ihr **Die Krallen der Löwin** als Einzelabenteuer spielt, haben sie die Geweihte am vorangegangenen Abend kennengelernt). Die weiteren Mitglieder ihres Trupps sind:

- ♜ *Nemekath Valero* (36, hochgewachsen, brauner Pferdeschwanz und Kinnbart, aufrechte Haltung, wachsamer Blick, zuverlässig; meisterlicher Kampfmagier, liebt den Austausch von Anekdoten über vergangene Kämpfe, hasst Pflichtvergessenheit; Willenskraft 13 (15/14/15), SK 2), ein Absolvent der al'anfanischen Halle der Erleuchtung, der bereits einige Erfahrung als Seekriegsmagier in der Schwarzen Armada gesammelt hat und selbst im Pfeilhagel einen kühlen Kopf bewahrt.
- ♜ *Adario Efferdito Lucan Santana* (49, muskulös, aber füllig, kahler Schädel, grauer Bart, der einmal rotbraun gewesen sein mochte, auffällige Narbe am Hals, anzügliches Grinsen, humorvoll; brillanter Arenakämpfer, liebt es, im Mittelpunkt zu stehen und bewundert zu werden, hasst es, alt zu werden; Willenskraft 12 (16/13/15), SK 2), ein ehemaliger Gladiator, dem es gelungen ist, sich einen Namen zu machen und die Arena als freier Mann zu verlassen. Vor etwa 20 Jahren war er recht berühmt und jedes Kind in Al'Anfa kannte ihn. Nun hofft er, auf dem Feldzug genug Beute für einen ruhigen Lebensabend zu machen oder zumindest einen ruhmreichen Tod zu finden.
- ♜ *Panhahe Cawe* (26, kahler Schädel mit Tätowierungen und Schmucknarben, geschmeidig, lauernde Haltung, anpassungsfähig; meisterliche Kundschafterin, liebt guten Tabak, hasst das Meer; Willenskraft 15 (14/14/14), SK 2), eine Kriegerin vom Stamm der Yakosh-Dey, die sich als Kundschafterin in den Diensten Al'Anfas bewährt hat. Ihr Blasrohr hat schon manchem Feind unbemerkt den Tod gebracht, und sie kennt den Dschungel besser als jede andere in der Spezialeinheit.
- ♜ *Tarquinio Rivitoz* (34, hager, dunkelbraunes Haar und Schnurbart, geschickte Finger, schweigsam; erfahrener Soldat, liebt süßen Wein, hasst den Nahkampf; Willenskraft 12 (14/16/13), SK 2) ist ein Armbrustschütze. Er hat über zehn Jahre lang in der Schwarzen Armada gedient, es aber in all der Zeit nie geschafft, befördert oder gar ausgezeichnet zu werden. Er ist bestenfalls ein durchschnittlicher Soldat, der Gefahr gerne aus dem Weg geht und vom Leben nicht allzu viel erwartet. Seine Versetzung zu den *Rabenkrallen* beruht auf einer Verwechslung, Tar hütet sich aber, diese aufzuklären, da er glaubt, seine Chancen, den Feldzug unbeschadet zu überstehen, seien höher, solange er mit einer privilegierten Einheit unterwegs ist.

Ein Held als Befehlshaber

In diesem Teil des Abenteuers können einer beziehungsweise mehrere der Helden als Vorgesetzte agieren und den Befehl über andere Soldaten übernehmen. Dies ist vor allem während des Vorhutgeplänkels in Mehat von Bedeutung, kann aber auch auf dem Weg dorthin eine Rolle spielen. Durch Beförderungen im bisherigen Verlauf der Kampagne oder weil sie aufgrund ihrer Vorgeschichte ohnehin bereits einen entsprechenden militärischen Titel innehatten, sind die *Rabenkrallen* inzwischen in den Offiziersrang aufgestiegen. Dies gewährt ihnen zusätzliche Freiheiten, fordert aber mehr Verantwortung, da sie in Kämpfen nicht nur an sich selbst, sondern stets auch an die Kämpfenden unter ihrem Befehl denken müssen.

Eine besondere Situation ergibt sich, wenn innerhalb der Heldengruppe unterschiedliche Ränge und damit eine (inneraventurische) Hierarchie bestehen. In diesem Fall empfehlen wir dir, mit deinen Spielern vorab zu besprechen, wie sie zu dem Thema stehen und wie ihr innerhalb des Spielgeschehens damit umgehen wollt. Ist es für alle Spieler in Ordnung, wenn der befehlsführende Charakter den anderen Helden, beispielsweise in Kampfsituationen oder während des Marschs, tatsächlich Befehle gibt oder ist es ihnen lieber, wenn dieser Aspekt im Spiel ausgeklammert wird und jeder seinen Helden weiterhin komplett frei steuern kann?

Die Vorhut

Etwa zwei Wegstunden hinter den *Rabenkrallen* folgt eine berittene Schwadron der Fremdenlegion unter dem Kommando von Hauptmann *Harak Ongalabadi* (Mitte 40, wettergegerbte Haut, prächtiger Bart, thalusischer Akzent, schicksalsgläubig; meisterlicher Offizier; Kriegskunst 12 (14/14/14), Willenskraft 11 (14/14/14), SK 2). Seine Kämpfer, welche die offizielle Vorhut bilden, hatten in den letzten Wochen bereits zwei Scharmützel mit Kundschaftertrupps der Kemi und sind mit den Tücken des Kampfes im Dschungel leidvoll vertraut. Auf dem Marsch gehen sie meist zu Fuß und führen ihre Pferde am Zügel mit. Der Hauptmann sucht vor dem Aufbruch das Gespräch mit den *Rabenkrallen* und vereinbart mit ihnen einige unauffällige Markierungen, mit denen sie ein sicheres Wegstück oder aber ein gefährliches Terrain kennzeichnen können. Er verspricht, dass seine Schwadron bis zum Abend keine längere Rast einlegen wird. Die Helden können sich darauf verlassen, dass sich die Vorhut niemals weiter als zwei Stunden hinter ihnen befindet.

Zum Vorlesen oder Nacherzählen:

Die Stadt Yleha und die umliegenden Wiesen und Felder gleichen an diesem Morgen einem wimmelnden Ameisenhaufen. Der Schein der Praiosscheibe spiegelt sich auf Waffen und Rüstungen, während sich die Kämpfer unter den Standarten der berühmtesten Regimenter Al'Anfas versammeln. Als ihr der Straße nach Süden folgt, erblickt ihr den Schwarzen Panther, das Feldzeichen des Schwarzen Bunds des Kor, sowie die Banner der Dukatengarde und Oderins Schwarzer Garde. Westlich der Stadt sammeln sich die Ordenskrieger der Boronsraben und der Basaltfaust. Kein Zweifel, der Schwarze General hat seine besten Einheiten bisher in Reserve gehalten, um sie für den entscheidenden Vorstoß aufzusparen. Jetzt aber setzt sich diese Streitmacht in Bewegung, um unaufhaltsam ins Hinterland des Kemi-Reiches vorzudringen.

Eine aber wird nicht dabei sein, eure alte Bekannte Marvana Zornbrecht. Glaubt man dem Gerücht, das seit dem Morgen im Umlauf ist, hat Oderin du Metuant die Generalin überraschend zur Kommandantin von Yleha ernannt und mit der Sicherstellung des Nachschubs für den Feldzug beauftragt. Die Schmach, von der Teilnahme am weiteren Vormarsch ausgeschlossen zu sein und damit von der Gelegenheit, Siege und Ruhm zu erringen, wird Marvana wohl mehr schmerzen, als selbst eine öffentliche Degradierung es getan hätte. Ihr kennt sie gut genug, um zu wissen, dass sie diese Demütigung nicht vergessen wird.

Von Yleha nach Catco

Die erste Etappe folgt der Straße etwa 20 Meilen nach Südosten bis zur Siedlung Catco. Das Gebiet ist fest in der Hand der Eroberer, sodass die *Rabenkrallen* auf dem Weg nicht mit unangenehmen Überraschungen konfrontiert werden. Die Dschungelstraße führt durch dichten Urwald, befindet sich aber in vergleichsweise gutem Zustand, sodass ein schnelles Vorankommen möglich ist. Vereinzelt finden sich Hinweise, die davon künden, dass vor einiger Zeit eine größere Streitmacht die Straße genutzt haben muss. Hier das gebrochene Rad eines Proviantwagens dort eine größere gerodete Fläche, auf der noch die Spuren eines Feldlagers zu erkennen sind. Es handelt sich um die Hinterlassenschaften des Heeres unter dem Befehl der Generalin Alena Karinor, das nach der Landung in Yleha nach Süden vorgedrungen ist und auf das die Helden später in Fort Südergart treffen werden.

Catco liegt am Ufer eines großen Sees und wird hauptsächlich von sesshaften, friedfertigen Waldmenschen vom Stamm der Tschopukikuha bewohnt, die vom Fischfang leben. Am Rande des Dorfes hat eine Streitmacht unter dem Befehl von Prinzessin Rhônda ihr Lager aufgeschlagen. Die Prinzessin ist nach einigen kleineren Scharmützeln im Osten nach Catco gekommen, um ihre Streitmacht mit dem Heer Oderins zu vereinen und gemeinsam mit diesem nach Süden vorzustoßen.

Streitschlichter

Als die *Rabenkrallen* die Siedlung am frühen Abend erreichen, ist dort gerade ein Streit entbrannt. Die Helden werden Zeugen eines hitzigen Wortwechsels zwischen *Abet'nehem Ni Djáset* (Mitte 50, aristokratisch wirkende Nase, Bauchansatz, kurzatmig, cholerisch, übernächtigt; kompetenter Händler; Willenskraft 13 (15/13/13), SK 2), dem Proviantmeister von Rhôndas Streitmacht, und einigen einheimischen Fischern. Die Fischer, die sich hinter ihrer Wortführerin *Tiki-Ta* (Ende 30, trägt das Haar in drei Scheitelbürsten, athletisch, zahlreiche hölzerne Schmuckringe, selbstbewusst, stolz; kompetente Fischerin; Willenskraft 10 (14/14/13), SK 2) versammelt haben, glauben sich bei den Preisverhandlungen für ihren Fang übervorteilt. Abet'nehem reagiert zunehmend gereizt und droht damit, den Fang notfalls von seinen Soldaten beschlagnahmen zu lassen.

Tatsächlich beruht der Streit lediglich auf einem Missverständnis und lässt sich leicht auflösen, wenn es gelingt, beide Seiten dazu zu bewegen, einander zuzuhören (Probe auf *Überreden (Manipulieren)* –1). Beispielsweise könnte der Proviantmeister eine Summe pro gefülltes Fangnetz geboten haben, welche die Fischer als Beleidigung auffassen, da sie der Auffassung sind, das Angebot gelte für den gesamten Fang.

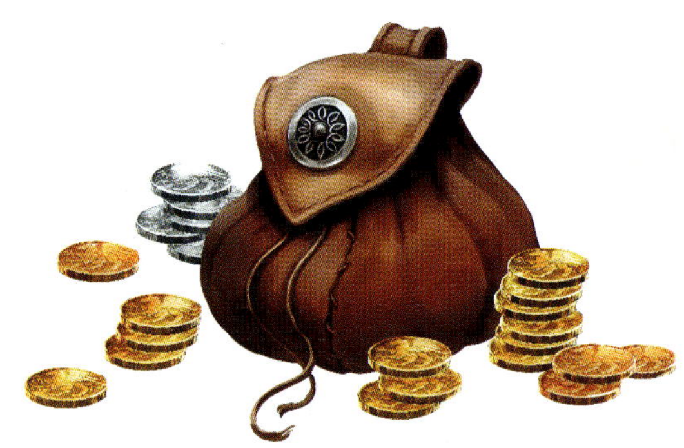

Wenn die *Rabenkrallen* an dieser Stelle schlichtend eingreifen und eine Eskalation verhindern, wird Abet'nehem ihre Namen später lobend gegenüber der Prinzessin erwähnen, sodass diese erstmals auf die Helden aufmerksam wird.
Etwa eine Stunde nach den Helden trifft Hauptmann Ongalabadi mit seinen Reitern ein, bis zum Abend folgt die Hauptstreitmacht. Oderin du Metuant nimmt den Bericht der *Rabenkrallen* entgegen und befielt ihnen, am nächsten Morgen ihren Auftrag fortzusetzen.

Von Catco nach Fort Südergart

Bei Sonnenaufgang, während die meisten Soldaten im Feldlager noch schlafen, brechen die *Rabenkrallen* zur zweiten Etappe auf. Das Wegstück von Catco nach Fort Südergart ist etwas kürzer als das des vorangegangenen Tages, dafür steigt aber die Gefahr, feindlichen Kundschaftern zu begegnen, sodass es sich empfiehlt, vorsichtiger vorzugehen. Auch diesmal finden sich die Spuren von Alena Karinors Streitmacht sowie an zwei Stellen frische Gräberfelder, die von Zusammenstößen der Al'Anfaner mit dem Feind zeugen.

Der Späher

Gegen Mittag können die *Rabenkrallen* einen Späher entdecken, der sie aus dem Schutz des Dschungels heraus beobachtet (Vergleichsprobe zwischen *Sinnesschärfe (Suchen* oder *Wahrnehmen)* -3 und *Verbergen* des Spähers (FW 14 (14/15/15). Gelingt keinem der Helden die Probe, wird stattdessen Panhahe auf diesen aufmerksam und gibt ihr Wissen unauffällig weiter. Versuchen die *Rabenkrallen*, den Späher frontal anzugreifen, ergreift er die Flucht und ist im dichten Dschungel kaum einzuholen (Probe auf *Fährtensuchen (humanoide Spuren)* –5). Aussichtsreicher ist es, den Beobachter in Sicherheit zu wiegen und eine günstige Gelegenheit abzuwarten, bei der einer der Helden (oder Panhahe) sich von der Gruppe lösen kann, um dem Kemi in den Rücken zu fallen.
Sofern es den *Rabenkrallen* gelingt, den Späher ♟ *Iwen'ká* (Anfang 20, kurzgeschorenes Haar, schmal, weitverzweigtes Narbengeflecht am linken Arm, flink, vorsichtig; kompetenter Kundschafter, Verbergen 14 (14/15/15), Willenskraft 11 (14/15/12), weitere Werte siehe Seite **61**) zu überwältigen und lebendig zu fassen, können sie ihn verhören. Durch glaubwürdige Drohungen (Vergleichsprobe zwischen *Einschüchtern (Drohung, Verhör* oder *Folter)* –2 gegen *Willenskraft*) kann man ihn zum Sprechen bringen. Zwar ist sein Wissen über die militärischen Pläne seiner Vorgesetzten beschränkt, doch weiß er, dass die Hauptstreitmacht der Kemi unter Chanya al'Plâne auf dem Weg nach Osten ist, um den al'anfanischen Vorstoß abzufangen. Die aranische Löwin hat alle verfügbaren Streiter zusammengezogen und an der Seite der Kemi sollen auch die Krieger einiger verbündeter Waldmenschen-Sippen kämpfen. Iwen'kás Auftrag war es, die Vorhut der Al'Anfaner aufzuspüren und seinen Vorgesetzten zu berichten, wie schnell der Feind auf seinem Marsch durch den Dschungel vorankommt.

Haben die *Rabenkrallen* sich auf dem Weg nicht länger als nötig aufhalten lassen, erreichen sie am Nachmittag ihr Ziel. Fort Südergart ist ein kleines Holzfort mit vier Türmen, das auf einem steilen Hügel errichtet wurde und dessen Palisaden noch Spuren der kürzlich erfolgten Eroberung durch die Al'Anfaner zeigen. Rund um das Fort lagert die etwa zweihundertköpfige Streitmacht ♟ *Alena Karinors* (*1011 BF, krauses braunes Haar, schlichte, aber elegante schwarze Uniform, stolz und eigensinnig, liebt Geschichten von Heldentaten, hasst Dekadenz; brillante Kriegerin, rechte Hand des Schwarzen Generals, ehemalige Kommandantin der Rabengarde). Sobald die *Rabenkrallen* als Verbündete erkannt werden, heißt man sie freundlich willkommen und lädt sie zu einer stärkenden Mahlzeit aus Bananeneintopf und Affenfleisch ein. Die Soldaten, die sich bereits seit mehreren Wochen im Dschungel befinden und von fast allen Informationen abgeschnitten sind, bestürmen die Helden mit Fragen nach Neuigkeiten von den anderen Kriegsschauplätzen und Berichten aus der Heimat.

Rapport

Am Abend treffen der Schwarze General und Prinzessin Rhônda mit ihren vereinten Truppen ein. Im Fort kommen sie mit Alena Karinor zusammen und beratschlagen mit ihr über das weitere Vorgehen. Später befielt Oderin die Helden hinzu. Er hört sich gemeinsam mit den anderen beiden Heerführerinnen deren Bericht an und erkundigt sich nach ihrer Meinung über die Aussage des gefangenen Kundschafters. Das Lob des Generals fällt gewohnt knapp aus, aber dass er offenkundig auf die Einschätzung der *Rabenkrallen* vertraut, bleibt Prinzessin Rhônda nicht verborgen und lässt die Helden auch in ihrer Anerkennung steigen.
Mehrere Berichte, die der Schwarze General von seinen Spionen und deren Zuträgern erhalten hat, deuten darauf hin, dass die Kemi neben der Streitmacht, von der die Helden durch den gefangenen Späher erfahren haben, noch ein zweites Heer aufgestellt haben. Dieses soll durch den Dschungel nach Yleha marschieren, um die Stadt zurückzuerobern und den Boronszug von seinem wichtigsten Nachschubhafen abzuschneiden. Diese absichtlich gestreute Information ist eine aufwendig betriebene Finte Chanya al'Plânes, mit der sie versucht, die Al'Anfaner dazu zu bewegen, ihre zahlenmäßig überlegene Streitmacht aufzuteilen. Der Plan geht auf und tatsächlich entscheidet sich Oderin, der nicht riskieren will, mitten im Dschungel von seinen Versorgungslinien abgeschnitten zu werden, dazu, den Heereszug zu teilen. Er schickt ein Drittel seiner Streitmacht, darunter die schwer gerüsteten Ordenskrieger der Rabengarde und der Basaltfaust, zurück nach Norden, um Yleha zu schützen, während Rhônda und er mit der restlichen Streitmacht nach Westen weiterziehen – und gegen die Kemi wird er seine besten Elitetruppen nicht ohne Not riskieren..

Von Fort Südergart nach Mehat

Am Morgen des nächsten Tages setzen die *Rabenkrallen* ihren Auftrag fort. Teilweise befindet sich der Weg in gutem Zustand, an anderen Stellen ist er kaum mehr als ein notdürftig freigehaltener Pfad durch den dichten

Dschungel, dessen Verlauf gelegentlich nur zu erraten oder anhand von halb überwucherten Wegpfählen zu erkennen ist. Das Vorankommen ist selbst für die bereits dschungelkundigen *Rabenkrallen* mühsam und nervenzehrend, da sie hinter jedem Baum mit einem Hinterhalt rechnen müssen. Für die Hauptstreitmacht verlangsamt sich das Vorankommen noch mehr und die Marschkolonne des Heeres wird auf dem schmalen Pfad weit in die Länge gezogen. Der Tross mit seinen Wagen und Packtieren bleibt immer weiter zurück, weil der Pfad an vielen Stellen erst erweitert werden muss, um ein Durchkommen der Versorgungswagen zu ermöglichen.

Gegen Mittag können die *Rabenkrallen* fünf Kundschafter des Feindes überraschen, die gerade Vorbereitungen treffen, eine hölzerne Brücke unbrauchbar zu machen, die einen sicheren Übergang über eine morastige Bodensenke ermöglicht. Die Kemi glauben die al'anfanische Streitmacht noch weiter entfernt und reagieren entsprechend erschrocken auf das Auftauchen der *Rabenkrallen*. (Anzahl der Helden / 2) von ihnen treten den Helden auf der schmalen Brücke entgegen (Werte siehe Seite **61**) und versuchen sie möglichst lange beschäftigt zu halten, während die anderen ihre Bemühungen beschleunigen und sich mit Hämmern an der Befestigung der zentralen Stützstreben der Brücke zu schaffen machen. Je schneller die *Rabenkrallen* die Kämpfer überwältigen, desto geringer fällt der Schaden an der Brückenkonstruktion aus:

- Gelingt es, die Gegner in fünf oder weniger Kampfrunden zu überwältigen, sind die Beschädigungen minimal und leicht auszubessern.
- Benötigen die Helden mehr als fünf, aber höchstens neun Kampfrunden, lässt sich der Schaden in einem vertretbaren Zeitaufwand reparieren (Probe auf *Holzbearbeitung (Tischlerarbeiten)*). Die *Rabenkrallen* können die Reparatur selbst vornehmen oder eine entsprechende Markierung für die ihnen folgenden Fremdenlegionäre der Vorhut hinterlassen.
- Haben die Kemi mehr als neun Kampfrunden zur Verfügung, um die Brücke zu sabotieren, wurden die Stützstreben schwer beschädigt. Die Wiederherstellung nimmt mehrere Stunden in Anspruch und verlangsamt das Vorankommen des Heerzuges entsprechend.

Die Saboteure kämpfen mit großer Entschlossenheit und ohne Rücksicht auf das eigene Leben. Gelingt es dennoch, einen von ihnen lebendig gefangen zu nehmen und zu verhören, schweigt er und versucht notfalls die *Rabenkrallen* mit Lügen und Halbwahrheiten zu täuschen (zum Schein eine Vergleichsprobe zwischen *Einschüchtern (Drohen, Verhör* oder *Folter)* +1 gegen *Willenskraft* –1 des Kundschafters, bei Gelingen wird die eigentliche Probe auf *Menschenkenntnis (Lügen durchschauen)* –2 fällig, um die Täuschung zu bemerken). Tatsächlich weiß keiner der fünf genau, wie groß das von Chanya al'Plâne zusammengezogene Heer ist und wie weit es noch entfernt ist. Ihr Befehl lautete, den Vormarsch von Oderins Streitmacht so stark wie möglich zu verlangsamen. Offenbar hoffen die Kemi darauf, dass der mühsame Weg durch den Dschungel die Al'Anfaner zermürbt und deren Vorräte knapp werden lässt, sodass das Heer geschwächt ist, wenn es zu einer Schlacht kommt.

Ein Lagerplatz

In dem dichten Dschungelgebiet ist es nicht einfach, einen geeigneten Lagerplatz für das Heer zu finden, der nicht nur genügend Platz bietet, sondern an dem es auch ausreichend Trinkwasser für die Soldaten gibt. Die *Rabenkrallen* können absehen, dass der größte Teil der Streitmacht aufgrund des schmalen Pfades erst bei Einbruch der Dämmerung ankommen wird. Eine Suche nach Trinkwasser oder eine Jagd, um die Vorräte aufzufüllen, sind dann kaum mehr möglich. Mit einer gründlichen Suche (Probe auf *Wildnisleben (Lagersuche)* –2) lässt sich unweit des Pfades ein lichtes Urwaldstück finden, an dessen Rand ein Bach mit klarem Wasser fließt. Die Helden und ihre Kameraden der zweiten Kralle können hier Vorbereitungen treffen, indem sie die Lichtung vergrößern und einen Weg zum Pfad schlagen. Nach ihrem Eintreffen unterstützen die Reiter der Vorhut sie dabei. Die im Laufe des Abends nach und nach eintreffenden Soldaten sind erschöpft und gereizt. Sie fluchen auf den dichten Dschungel, die schlechten Wege und die Kemi, die sich in ihrer Sturheit dem Boronszug entgegenstellen. Dicht gedrängt werden die Zelte aufgebaut. Oderin und Rhônda nehmen den Bericht der Helden wie an den vorangegangenen Abenden persönlich entgegen. Der Schwarze General vermutet, dass die Streitmacht des Feindes nicht mehr weit entfernt ist. Er schärft den *Rabenkrallen* ein, am nächsten Tag besonders wachsam zu sein und nach Fallen und Hinterhalten Ausschau zu halten. Sie sollen bis zum Holzfällerdorf Mehat vorrücken und die Bewohner möglichst diplomatisch auf die Ankunft des al'anfanischen Heeres vorbereiten. Oderin und Rhônda planen, ihre Soldaten in dem Dorf rasten zu lassen, bis in den nächsten Tagen zusätzliche Vorräte aus Yleha eingetroffen sind. Die *Rabenkrallen* sollen die Einheimischen davon überzeugen, dass sie von dem Heer nichts zu befürchten haben.

Das letzte Wegstück

Am nächsten Morgen brechen die *Rabenkrallen* erneut als erste auf. Die Vorhut der Fremdenlegion folgt ihnen mit etwa einer Stunde Abstand. Hauptmann Ongalabadi empfiehlt ihnen zum Abschied scherzhaft, laut zu schreien, falls sie auf den Feind stoßen und Hilfe benötigen.

Der Zustand des Weges ähnelt dem, was die Helden bereits vom Vortag gewohnt sind und stellenweise ist der Pfad kaum zu erkennen. An mehreren Stellen wurden die Markierungspfähle, die zur Orientierung dienen, absichtlich entfernt (erst vor kurzem, wie eine Untersuchung der Spuren zeigt), sodass die *Rabenkrallen* eigene Markierungen anbringen müssen, um dem nachfolgenden Heer den Weg zu weisen. Abgesehen davon finden sich jedoch keine Spuren des Feindes. Gegen Mittag erreichen die Helden das Dorf Mehat.

Der Kampf um Mehat

In der kleinen Holzfällersiedlung Mehat trifft der von Ost nach West verlaufende Militärpfad auf einen Weg, der in südlicher Richtung über den Gereh-Pass und weiter bis zur Küste verläuft. Das Dorf wurde von den Bewohnern verlassen, als die Nachricht vom anrückenden al'anfanischen Heer den Ort erreichte. Noch während die *Rabenkrallen* die Siedlung erkunden, treffen nach und nach feindliche Späher sowie die Vorhut der Kemi-Streitmacht ein und verwickeln sie in Kämpfe, die rasch an Intensität zunehmen. Für die Heldinnen gilt es, strategisch vorteilhafte Punkte zu sichern und diese so lange zu verteidigen, bis ihre eigene Hauptmacht eingetroffen ist.

Zum Vorlesen oder Nacherzählen:
Der tägliche Mittagsregen, der in verlässlicher Regelmäßigkeit kurz, aber heftig auf euch niederprasselt, hat gerade nachgelassen. Wie gewöhnlich steigt nun dichter Nebel auf, der eure Sicht einschränkt, sich aber schon bald wieder verflüchtigt haben wird. Vor euch verbreitert sich der Dschungelpfad und der Urwald wird lichter. Schemenhaft erkennt ihr die ersten Häuser eines Dorfes, die vor euch aus dem Nebel auftauchen. Der Erdboden ist schlammig und stellenweise von darüber geschleiften Baumstämmen zerfurcht und aufgewühlt. An einigen Stellen des gerodeten Bereichs wachsen junge Mohagonibäume, Gräser und Farne aus dem Boden, die man im Nebel leicht für kauernde Gestalten halten kann. Vorsichtig erkundet ihr die Umgebung, trefft aber niemanden an. Es scheint, als hätten die Bewohner den Ort vor kurzem fluchtartig verlassen. Ihr wollt euch gerade die Gebäude genauer ansehen, als ihr eine Bewegung am Westrand des Dorfes wahrzunehmen meint.

Das Dorf Mehat

Die *Rabenkrallen* erreichen das Dorf am frühen Nachmittag, kurz nach Ende des üblichen Mittagsregens. Unmittelbar nach dem heftigen Regenguss erschwert zunächst dichter Nebel die Sicht, der sich erst nach einer Stunde gänzlich verflüchtigt hat. Daher können die Heldinnen gerade zu Anfang nicht sehr weit sehen und es fällt ihnen schwer, Ausmaße und Entfernungen genau abzuschätzen. Nach dem Regen ist der Boden der gerodeten Flächen matschig und das Laufen darauf mühsam. Zwischen schlammigen Pfützen, die sich in tiefen Furchen gebildet haben, ragen Steinbrocken und Baumstümpfe etwa kniehoch aus der Erde und können für einen unaufmerksamen Soldaten leicht zur Stolperfalle werden. An vielen Stellen hat der Dschungel begonnen, den gerodeten Boden zurückzuerobern, sodass Gräser, Farne und junge Bäume das Gelände unübersichtlich gestalten. Der Wald im Westen ist nicht so dicht wie der im Osten und bietet an zahlreiche Stellen Deckung und Versteckmöglichkeit.

Der von Norden kommende **schlammige Bach (01)** ist außerhalb des Dorfes ein etwa drei Schritt breiter, träge fließender Wasserlauf von trüber Farbe. Die Ufer sind dicht mit Schilf, Farnen und Bäumen bewachsen, sodass sie zahlreiche Verstecke bieten und sich gut für Hinterhalte eignen. Der Boden in der Umgebung des Baches ist weich und sumpfig. Im Wasser selbst treiben vereinzelte Äste und kleine Baumstämme.

Auf der Kuppe des sanft ansteigenden, entwaldeten Hügels nördlich des Dorfes steht der fünf Schritt hohe **Obere Wachturm (02)**. Er ist zur Gänze aus Holz erbaut und besitzt im Inneren eine Leiter, mit der man auf eine überdachte Plattform gelangt, die von einer hüfthohen Brüstung umgeben ist. Der Turm ermöglicht es, den Weg zu beobachten, auf dem die *Rabenkrallen* nach Mehat gekommen sind und bietet auch sonst gute Sicht auf die Umgebung.

Der **Untere Wachturm (03)** gleicht dem oberen Turm und dient dazu, den Militärpfad in westlicher Richtung zu beobachten. Vom Turm aus kann man allerdings auch Mehat sehen und hat einen guten Überblick über Dorf und Umgebung.

Der Kern der **Siedlung Mehat (04)**, wo die drei Wege aufeinandertreffen, ist von einer drei Schritt hohen Holzpalisade umgeben. Im Osten, Süden und Westen gibt es einflüglige Holztore, die bei Ankunft der *Rabenkrallen* offenstehen. Die Bewohner haben ihre Häuser in großer Eile verlassen und nur das Nötigste mitgenommen, als die Nachricht vom Herannahen der Al'Anfaner eintraf. Es lauern weder Fallen noch Hinterhalte auf die Heldinnen.

Die Hütten der Dorfbewohner sind schlicht und nur karg möbliert. Das größte Gebäude ist eine solide Blockhütte, offenbar eine Art Gemeinschaftshaus mit langen Holzbänken und Tischen sowie einer zentralen Feuerstelle. Über den Bachlauf, der quer durch das Dorf verläuft, wurden zwei einfache Brücken aus verschnürten Holzbohlen und Brettern geschlagen. Falls die Heldinnen während einer Atempause zwischen den Kämpfen einen ruhigen Moment finden, um die Hütten zu durchsuchen, kannst du die Tabelle Plündergut im Anhang (siehe Seite **59**) zurate ziehen, um festzulegen, was sie finden.

Das **Sägewerk (05)** ist ein an der Längsseite offenes Blockhaus, in dem die Stämme zerkleinert werden. Eine primitive Mechanik sorgt dafür, dass mittels eines Tretmechanismus ein angerostetes, anderthalb Schritt langes Sägeblatt in Bewegung gesetzt wird, das in der Lage ist, einen breiten Baumstamm zu zerteilen. Im Sägewerk befinden sich auch eine einfache Schmiede und einige minderwertige oder beschädigte Werkzeuge, die die Einwohner des Ortes bei ihrer Flucht zurückgelassen haben (Handsägen, Beile, Feilen, Hämmer, Nägel, Spaltkeile und dergleichen).

Der **Holzhügel (06)** südöstlich des Dorfes ist ein etwa 20 Schritt hoher, nach Westen hin schroffer Hügel, auf dem der Mohagoni-Einschlag der Holzfäller vorrangig stattfindet. Auf dem Hügel selbst stehen nur vereinzelt Bäume, ansonsten ist der steinige Boden übersät mit

Baumstümpfen, Gräben, frisch geschlagenen Stämmen, Gesträuch und Ästen. Das Gelände bietet reichlich Deckung zu allen Seiten. Südöstlich des Holzhügels liegt eine sumpfige Senke, hier ist das Erdreich feucht und tückisch, sodass schwer gerüstete Kämpfer leicht im Boden versinken und steckenbleiben können.
In den naheliegenden **Holzlagern (07)** sind unter einem auf vier Pfosten angebrachten Spitzdach schwere, entastete Baumstämme aufgeschichtet. Die Stämme werden von drei Seilen gehalten. Durchtrennt man diese und versetzt dem Holz einen kräftigen Tritt, rollen die Stämme auf dem leicht abschüssigen Boden in Richtung Bach. Dabei reißen sie alles mit sich, was ihnen im Weg steht. Die Brücke über den Bach zwischen den beiden Holzlagern ist aus robusten, grob bearbeiteten Holzstämmen gefertigt und mit zwei Stützpfeilern im Bachbett verankert. Sie ist etwa anderthalb Schritt breit und besitzt kein Geländer. Aufgrund der massiven Bauweise hält die Brücke auch schwere Lasten aus und es bedarf größeren Aufwands sowie geeigneter Werkzeuge (die sich im Sägewerk finden lassen) oder Feuer, um sie zu zerstören oder zumindest unbrauchbar zu machen.

Opportunistische Ortskundige
Optionaler Inhalt

Bei den Ereignissen in Mehat stehen die Themen Krieg und Kampf sehr präsent im Vordergrund. Wenn du deinen Heldinnen zusätzliche Gelegenheit zu gesellschaftlicher Interaktion geben oder einige humorvolle Elemente einbauen möchtest, um einen Kontrast zur ernsten Kriegsstimmung zu schaffen, kannst du auf das folgende Handlungselement zurückgreifen.
Die Bewohner Mehats haben das Dorf verlassen, nachdem sie das Gerücht erreichte, dass sich nicht nur ein großer Heerzug Prinzessin Rhôndas und ihrer al'anfanischen Verbündeten, sondern auch die Streitmacht Chanya al'Plânes auf dem Weg zu ihrem Dorf befindet. Zu groß war die Furcht vor Plünderungen und die Sorge, ungewollt in die Kämpfe verwickelt zu werden. Zwei der Einheimischen sind jedoch später zurückgekehrt und haben sich am Rande des Dschungels verborgen, um einen Blick auf die weitere Entwicklung der Lage zu erhaschen. Dabei ahnen sie zunächst nichts von der Anwesenheit des jeweils anderen.
Die verarmte Händlerin ♟ *Uneb'sát* (Mitte 40, schwarzes Haar mit grauen Strähnen, breites Lächeln, waghalsig, schlagfertig; kompetente Händlerin; Handel 11 (14/13/13), Willenskraft 9 (12/13/13), SK 2) versteht sich darauf, ihre Fahne nach dem Wind zu hängen. Nachdem sie zunächst mit den anderen Bewohnern geflüchtet ist, haben Neugier und Geschäftssinn sie nun dazu bewegt, zurückzukehren. Sie hofft, frühzeitig erkennen zu können, wem sich das Kriegsglück zuneigt, um sich dann auf die Seite des Siegers zu stellen und gute Geschäfte zu machen.
Der wieselflinke Wirt ♟ *Hati'hesá* (Anfang 30, mager, schütteres Haar, Zahnlücken, durchtrieben, einfallsreich; kompetenter Dieb, unerfahrener Gastwirt; Lebensmittelbearbeitung 3 (13/14/14), Taschendiebstahl 11 (13/14/14), Willenskraft 10 (13/13/13), SK 2), hat sich erst vor einigen Monaten in Mehat niedergelassen. Er ist zurückgekommen, weil er um seinen wertvollsten Besitz fürchtet: eine goldene Delphin-Statuette (Wert: 60 Dukaten), die er in Yleha gestohlen und nahe des Holzlagers vergraben hat. Der Diebstahl der Statuette hat großes Aufsehen erregt, deshalb hatte Hati'hesá geplant, mit seiner Beute im abgelegenen Mehat zu bleiben, bis Gras über die Sache gewachsen ist. Nun fürchtet er, dass das wertvolle Stück von den Soldaten gefunden werden könnte.
Uneb'sát und Hati'hesá beobachten zunächst das Geschehen. Sie können von den Heldinnen entdeckt werden oder sich selbst zu erkennen geben, wenn sie eine günstige Gelegenheit wittern. Beide sind gut mit der Umgebung vertraut und können daher als Ortskundige wertvolle Hinweise geben. Allerdings können sie einander nicht ausstehen und neigen dazu, sich aus Prinzip zu widersprechen. Sprechen die Heldinnen mit beiden, kann dies rasch zu Verwirrung führen. Auf eventuelle Widersprüche in ihren Aussagen angesprochen, geraten Händlerin und Wirt schnell in Streit und beschuldigen sich gegenseitig, insgeheim auf Seiten Königin Elas zu stehen und den *Rabenkrallen* Lügen aufzutischen.

Feindkontakt

Zwar ist das Dorf verlassen, am westlichen Waldrand lauern jedoch neun Kundschafter, die etwa zeitgleich mit den Heldinnen eingetroffen sind. Es handelt sich um erfahrene Krieger einer Keke-Wanaq-Sippe, die auf Seiten der Kemi kämpft (Werte siehe Seite **63**). Bewegen sich eine oder mehrere der *Rabenkrallen* beim Erkunden des Dorfes oder dem Absuchen der Umgebung bis in Pfeilschussweite, nutzen sie die Gelegenheit für einen schnellen Überfall. Ihre Pfeile sind mit Kelmon bestrichen (siehe **Regelwerk** Seite **342**).
Die Korgeweihte Morisca stellt sich den Angreifern entgegen, um den anderen Kämpfern ihrer Kralle Gelegenheit zu geben, Deckung zu suchen. Dabei wird sie von zahlreichen Pfeilen getroffen und durch das Gift gelähmt, sodass es an einem oder mehreren der Heldinnen ist, das Kommando zu übernehmen, um die Bergung der Verwundeten und die Verteidigung gegen die Angreifer zu organisieren. Sobald mehr als die Hälfte von ihnen getötet oder ernsthaft verwundet wurde, ziehen sich die Waldmenschen zunächst in den Schutz des Waldrands zurück. Falls die *Rabenkrallen* ihnen folgen, fliehen sie tiefer in den Dschungel.

Vorhutgeplänkel

Zwar konnten die Heldinnen den ersten Angriff der Kundschafter zurückschlagen, doch das offensive Vorgehen der Gegner lässt vermuten (eventuell unterstützt durch eine Probe auf *Kriegskunst* –1), dass die Hauptstreitmacht der Kemi nicht mehr weit entfernt und die Vorhut des Feindes bereits im Anmarsch ist. Für die *Rabenkrallen* gilt es nun, Mehat und insbesondere die strategisch bedeutsamen Gebäude und Geländemarken

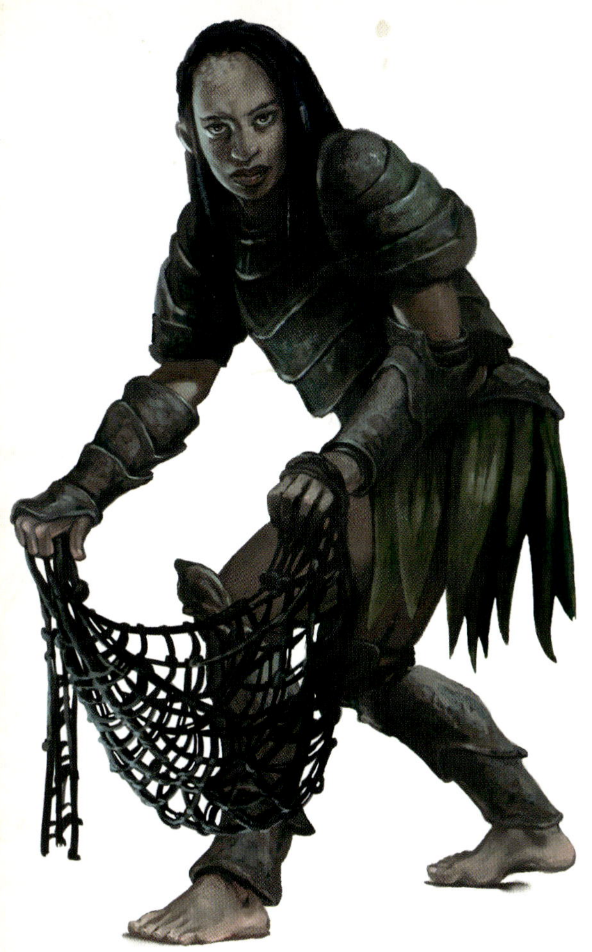

gegen weitere Angriffe zu verteidigen, bis eigene Verstärkung eingetroffen ist. Die Werte der gegnerischen Soldaten findest du im Anhang auf Seite **61**.

Handlungsmöglichkeiten

Für welches Vorgehen sich die Heldinnen entscheiden, um ihren Auftrag zu erfüllen, lässt sich kaum allgemeingültig vorhersagen. Der Handlungsabschnitt in Mehat ist deshalb offen gestaltet und es werden lediglich einige äußere Rahmenbedingungen sowie ein beispielhafter, aber nicht verbindlicher Verlauf der Ereignisse beschrieben (siehe **Abfolge der Ereignisse**).

Vorrangiges Ziel der *Rabenkrallen* ist es, den Ort bis zum Eintreffen der al'anfanischen Streitmacht gegen die Kemi zu verteidigen und dabei insbesondere die Kontrolle über einige strategisch bedeutsame Punkte wie die Wachtürme und den Holzhügel zu erringen beziehungsweise zu halten. Dabei entwickelt sich das Geschehen schnell zu einem Abwehrkampf und ihre Lage wird durch die mehr und mehr anwachsende Übermacht des Feindes zunehmend verzweifelter. Mit den wenigen verfügbaren Kämpfern ist es kaum möglich, alle Punkte von strategischem Wert zu halten. Die Heldinnen müssen als diejenigen, die den Befehl über die Soldaten vor Ort innehaben, entscheiden, an welchen Stellen sie ihre Kräfte konzentrieren und welche Teile des Geländes sie gegebenenfalls zähneknirschend aufgeben und dem Gegner überlassen.

Insbesondere Heldinnen mit herausragenden Fähigkeiten im Bereich Kriegskunst, aber auch jene, die über

Abfolge der Ereignisse

Du kannst den genauen Ablauf der Ereignisse in Mehat frei gestalten und an die Fähigkeiten deiner Heldinnen sowie die von ihnen gewählte Vorgehensweise anpassen, sodass die Spielerinnen den Kampf um das Dorf als herausfordernd und spannend erleben. Der nachfolgende beispielhafte Zeitplan soll dir als Meisterin die Orientierung erleichtern, dich aber nicht daran hindern, die vorgeschlagene Reihenfolge der Ereignisse zugunsten eines dramatischeren Handlungsverlaufs anzupassen.

Am frühen Nachmittag (X): Die *Rabenkrallen* treffen in Mehat ein und werden in erste Kämpfe mit feindlichen Kundschaftern verwickelt. Sie können den Gegner zunächst aus dem Dorf vertreiben.

Etwa eine Stunde später (X+1): Die Vorhut der Kemi trifft bei Mehat ein. Gemeinsam mit den überlebenden Kriegern der Keke-Wanaq rücken sie von Westen aus gegen die *Rabenkrallen* vor. Ein zweiter Trupp schlägt sich durch den Dschungel und versucht den Heldinnen von Süden her in die Seite zu fallen. Die *Rabenkrallen* sind aufgrund ihrer zahlenmäßigen Unterlegenheit gezwungen, zurückzuweichen und sich an einen Ort zurückzuziehen, der sich leicht verteidigen lässt (etwa hinter die Palisade des Dorfes oder auf den oberen Wachturm).

Im Laufe des Nachmittags (X+1,5): Die al'anfanische Vorhut trifft ein. Mit Hilfe der Reiter der Fremdenlegion ist ein Gegenangriff möglich, durch den die Kemi bis an den westlichen Waldrand zurückgedrängt werden können. Hauptmann Ongalabadi stürzt aus dem Sattel, als er eine Gruppe flüchtender Kemi auf sumpfiges Gebiet verfolgt und bricht sich das Bein. Die Heldinnen und ihre Kameraden befestigen ihre Stellungen und errichten ggf. Barrikaden und Hindernisse, um sich auf weitere Angriffe des Gegners vorzubereiten.

Am späten Nachmittag (X+3): Die Hauptmacht der Kemi erreicht nach und nach Mehat. Ein erster schlecht organisierter Angriff auf den Ort kann von den al'anfanischen Verteidigern zurückgeschlagen werden. Die Heldinnen agieren dabei weniger als Kämpfer an vorderster Front, sondern mehr als Offiziere, die das Vorgehen ihrer Soldaten lenken.

Am frühen Abend (X+4): Die Kemi unternehmen einen erneuten Versuch, die al'anfanische Vorhut aus dem Dorf zu vertreiben. Die Kämpferinnen unter dem Befehl der Heldinnen müssen sich einer wachsenden Übermacht erwehren und erleiden schwere Verluste. Kurz bevor ihre Abwehr zusammenbricht, trifft die al'anfanischen Hauptmacht ein und die erschöpften Verteidigerinnen werden von frischen Kämpferinnen abgelöst.

Bei Sonnenuntergang (X+5): In der hereinbrechenden Dunkelheit kommen die Kämpfe rasch zum Erliegen. Die Al'Anfaner befestigen die von ihnen gehaltenen Stellungen im östlichen Teil des Gebiets, während die Kemi sich ihrerseits in den von ihnen kontrollierten Gebäuden und im westlichen Dschungel einrichten.

eine gute Beobachtungsgabe, viel Mut oder gute Kampffertigkeiten verfügen, können an dieser Stelle glänzen und heroische Taten vollbringen. Im Verlauf der Kämpfe sollte jeder der Heldinnen mindestens ein Erfolgsmoment vergönnt sein, etwa die Zurückeroberung eines Wachturms, ein erfolgreicher Hinterhalt oder die Bergung einer verwundeten Soldatin, die droht, dem Feind in die Hände zu fallen. Spätestens beim Eintreffen der al'anfanischen Vorhut dürften die Heldinnen durch die vorangegangenen Waffengänge bereits sichtlich angeschlagen sein. In der zweiten Hälfte des Nachmittags sollten sie daher eher diejenigen sein, die den Kampf der Verteidiger koordinieren, also versuchen, mit Verstand und Geschick das Beste aus der eigenen Unterzahl zu machen und ihre Kämpfer motivieren, anstatt sich selbst blindwütig den Klingen der Angreifer entgegenzuwerfen.
Im Laufe des Nachmittags wächst die Zahl der an den Kämpfen beteiligten Soldatinnen, wie auch deren Erschöpfung. Beide Seiten haben ein Interesse daran, ihre Kräfte zu schonen, sodass weniger frontale Angriffe, sondern mehr ein geschicktes Taktieren sowie das Ausnützen von Deckung und Geländemerkmalen das Geschehen bestimmen. Die Situation soll den in Unterzahl kämpfenden Heldinnen das Gefühl vermitteln, durch die Übermacht des Feindes unter der ständigen Bedrohung zu stehen, an Boden zu verlieren und eingekesselt zu werden. Bereits die erfolgreiche Verteidigung eines Gebäudes oder das Vereiteln einer gegnerischen Truppenbewegung, die dazu dient, sie zu umzingeln, kann unter diesen Bedingungen als wertvoller Sieg gelten.

Die horasische Variante

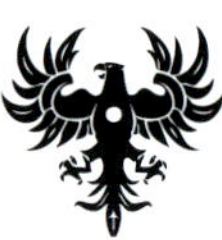

Auch Heldinnen, die insgeheim auf Seiten des Horasreiches stehen, werden zu Beginn – ob sie wollen oder nicht – in die Kämpfe verwickelt, da die angreifenden Keke-Wanaq-Krieger zunächst alle al'anfanischen Soldaten mit großer Aggressivität attackieren, ohne auf Gesprächs- oder Verhandlungsversuche einzugehen. Nach dem ersten Waffengang und insbesondere, wenn ihnen nach der Vergiftung Moriscas und dem Sturz Hauptmann Ongalabadis die Befehlsgewalt über die Kämpfer zufällt, können sie jedoch ihre Möglichkeiten nutzen, um die eigenen Kämpfer so aufzustellen beziehungsweise im richtigen Moment zurückzuziehen, dass den Kemi strategisch bedeutsame Punkte wie Brücken, der Dorfkern, der Holzhügel oder die Wachtürme in die Hände fallen. Dabei müssen sie allerdings sorgsam darauf achten, dass ihre Befehle dennoch schlüssig und sinnvoll erscheinen, um bei den al'anfanischen Soldaten keinen Verdacht zu erregen.

Haben die Heldinnen im zweiten Teil der Kampagne bereits mit Chanya al'Plâne persönlich gesprochen und von ihr die Suvar-Münze als Erkennungszeichen erhalten (siehe **Der Biss der Spinne** Seite **39**), können sie versuchen, die unübersichtliche Situation während der Kämpfe auszunutzen, um unbemerkt von den anderen Al'Anfanern Kontakt mit den Kemi-Soldaten aufzunehmen. Gelingt eine Verständigung, können die Heldinnen und die Angreifer ihr Vorgehen aufeinander abstimmen und so glaubwürdig ein erfolgreiches Vordringen der Kemi ermöglichen, ohne dabei selbst als unfähig zu erscheinen. Wenn du **Die Krallen der Löwin** losgelöst von der Kampagne als Einzelabenteuer geplant hast, kann die Auftraggeberin der Heldinnen ihnen eine Parole mitgegeben haben, mithilfe derer sie sich gegenüber den Kemi zu erkennen geben können.

Am Ende der Kräfte

Der weitere Verlauf des Abenteuers sieht vor, dass die Heldinnen bereits kurz nach dem abendlichen Ende des Vorhutgeplänkels zu einer weiteren Mission aufbrechen. Sollten sie während der Kämpfe um das Dorf ernsthafte Verletzungen erlitten haben, veranlasst Oderin du Metuant, dass sie nicht nur von den Heilkundigen des Heeres versorgt, sondern auch mithilfe von Magie oder alchimistischen Heiltränken innerhalb kürzester Zeit wieder aufgepäppelt werden. Der Schwarze General will die *Rabenkrallen* und einige weitere Soldaten, die unter ihrem Befehl gekämpft haben, dem übrigen Heer als strahlende Kriegshelden präsentieren, die sich heroisch gegen eine Übermacht zur Wehr gesetzt haben, um Mehat zu verteidigen, bis die Hauptmacht eingetroffen ist. Schwer verletzte Überlebende, die kaum aus eigener Kraft gehen können, eignen sich jedoch wenig, um die Soldaten für die am nächsten Tag bevorstehende Schlacht zu motivieren. Vielmehr sollen die *Rabenkrallen* als unbezwingbare Kämpfer erscheinen, die auch nach einem vollen Tag zermürbender Scharmützel noch immer aufrecht und siegessicher lächelnd durch das abendliche Lager schreiten. Damit die erschöpften Heldinnen wach und konzentriert bleiben, lässt er jedem von ihnen einen Beutel mit gerösteten uthurischen Kaffeebohnen aus seinem persönlichen Vorrat zukommen. Die Bohnen lassen sich leicht zerkauen und entfalten nach einer halben Stunde ihre belebende Wirkung, die etwa vier Stunden anhält.

FINDET DAS SCHWERT!

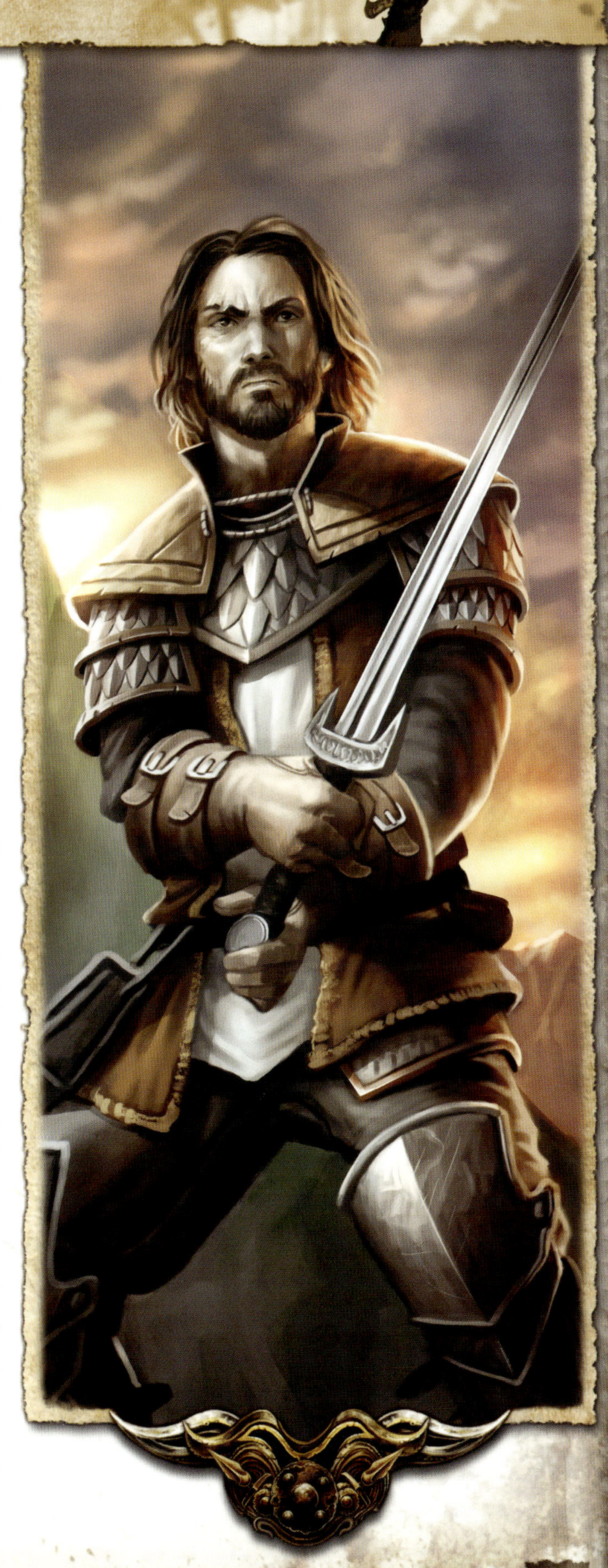

Nach den Kämpfen des vergangenen Tages haben die Helden ein Zelt auf der Mehat abgewandten Ostseite des Hügels zugewiesen bekommen. Trotz der späten Stunde ist an Ruhe kaum zu denken: In Erwartung des feindlichen Angriffs werden Bäume geschlagen, Hindernisse gezimmert, Waffen ausgebessert und Rüstungen repariert. Die am Westhang des Hügels arbeitenden Soldaten werden hin und wieder von Heckenschützen ins Visier genommen, was die ein oder andere Verwundung verursacht und im Sanitätszelt für regen Betrieb sorgt.
Die Helden müssen sich nicht an den Schanzarbeiten beteiligen; für sie hat Oderin andere Pläne. Sobald sie Quartier bezogen haben, erhalten sie Besuch vom Feldscher ♟ *Alfredo García Alvarez* (50, dick, wallender Vollbart, geschwätzig, kompetenter Heiler; Heilkunde Wunden 14 (14/14/14), Willenskraft 10 (14/14/14), SK 2) und seiner Assistentin ♟ *Shepset're* (23, Kemi, blass, verkniffen, schüchtern; Heilkunde Wunden 10 (13/13/13), Willenskraft 7 (13/13/13), SK 2), die sich sorgfältig um ihre Verletzungen kümmern. Sollte es notwendig sein, spendieren die Heiler sogar den ein oder anderen Heiltrank. Während der Wundversorgung können die Helden leicht mit Alfredo und seiner Assistentin ins Gespräch kommen und das ein oder andere Gerücht aufschnappen.

Die derzeitige Lage ... (1W6)

1 ... ist verdammt kritisch. Der Feind marschiert hier nicht nur mit einer kleinen Abteilung auf. Chanya Al'Plâne ist mit ihrem gesamten Heer hier. Keine Ahnung, wie die so schnell hier sein konnten. (+)

2 ... wird übertrieben ernst dargestellt, um die Motivation der Truppen hochzuhalten. Der weitere Marsch nach Süden wird ein Kinderspiel. Chanya Al'Plâne steckt bei Qinsay fest, und von Süden her wird uns binnen Stunden Verstärkung erreichen. (–)

3 ... sieht im Westen übel aus. In Khefu, Setepen und Peri wurden die Aufstände der Anhänger Rhôndas niedergeschlagen. Chanyas Bluthund Rodrigo con ya Sermo hat Großinquisitor Pâestumai über den Tirob in die östlichen Wälder getrieben. (+)

4 ... wird sich bald zu unseren Gunsten wenden (+/–). Von Süden her erwartet die Prinzessin Verstärkungen unter Boronîan Pâestumai und Chanyas abtrünniger Tochter Ziyaal. (+)

5 ... wird auf eine Vorentscheidung in diesem Kaff hier hinauslaufen. Al'Plâne wird hier kämpfen, auf jeden Fall. Die wird nicht gegen Yleha ziehen, um uns hier im Dschungel abgeschnitten verrotten zu lassen. Wenn dann auch noch ihre Tochter bei uns eintrifft, gibt es kein Halten mehr. (+)

6 ... verschlechtert sich stündlich. In Khefu sind schon zwei Banner horasische Infanterie eingetroffen, mehr werden in Kürze folgen. Al'Plâne wird Yleha zurückerobern und wenn dann auch noch die Horasier kommen, werden wir hier zwischen Catco und Gereh begraben werden. (-)

Der bisherige Kampf ... (1W6)

1 ... ist gut verlaufen. Es gab nur wenig Widerstand. Die Ylehis stehen auf unserer Seite und hinter der Front ist es ruhig. Nur vor den Stammeskriegern muss man sich wirklich in Acht nehmen. (+)

2 ... war bei Südergart am schwierigsten. Diese Laguaner haben gut gekämpft, aber gegen Alena Karinor und die Prinzessin mussten sie dann doch die Waffen strecken. Rhônda hat die Überlebenden freigelassen, gegen das Ehrenwort, in diesem Krieg nicht mehr zu kämpfen. (+)

3 ... lief zu gut, viel zu gut. Ich würde diesen Ylehi nicht trauen. Die bereiten sicherlich einen Aufstand vor, wenn wir mit dem Hauptheer so weit im Süden sind, dass wir dagegen nichts mehr machen können. (-)

4 ... ist doch nur ein Vorgeplänkel. Ernst wird's erst, wenn wir auf Khefu marschieren. Ela und ihre Schwarzmagier sollen dort ein Heer von Untoten aufgestellt haben. Ich weiß sicher, dass sie sich mit viel Gold Berater aus Schwarztobrien und Brabak hat kommen lassen. (+/-)

5 ... war nicht gerade profitabel. Der Schwarze General und die Prinzessin gehen hart gegen Plünderer und Diebe vor. Rhônda hat vorgestern sogar ihren Quartiermeister öffentlich auspeitschen lassen, weil der ein paar Fischern den Fang wegrequirieren wollte. (+)

6 ... ist nicht das, was sich die Leute vorgestellt haben. Keine Beute, ständige Heckenschützen, das verdammte Klima und die schlechte Verpflegung - kein Wunder, dass hier alle kurz vor der Meuterei stehen. (-)

Die Mission

Noch während sich die Recken an der schnellen und aufwendigen Behandlung erfreuen, erscheint Odilo Kugres-Estrazar in ihrem Zelt. Der Geweihte fordert die *Rabenkrallen* auf, ihm zum Kommandozelt zu folgen, da sie noch heute Nacht auf eine wichtige Mission geschickt werden sollen. Im Geheimen ist Odilo nicht glücklich darüber, dass Oderin entgegen seinem vorsichtig vorgebrachten Widerspruch ausgerechnet die Helden für die kommende Mission ausgewählt hat - für ihn und seine Pläne stellen die gewitzten und kampfstarken *Rabenkrallen* eine ernstzunehmende Gefahr dar. Zwar versucht der Geweihte, seine Besorgnis hinter der perfekt eingeübten Maske an jovialer Sympathie zu verbergen, aber besonders aufmerksame Helden (Probe auf *Menschenkenntnis (Motivation durchschauen)* –3) können erahnen, dass etwas mit ihm nicht stimmt. Rückfragen wird Odilo mit Plattitüden zu den Umständen des Krieges, seinen ständigen Magenproblemen oder nicht näher definierten kirchlichen Streitigkeiten abtun.

Der Weg zum Kommandozelt wird für die wiederhergestellten Helden, wie von Oderin beabsichtigt, zu einem kleinen Triumphzug. Kameraden lassen die tapferen „Sieger von Mehat" hochleben, aufmunternde Zoten, Schulterklopfen und kleinere Geschenke in Form von Tabak, Spezereien und Rum zeugen vom Respekt, den sich die *Rabenkrallen* bis zu diesem Zeitpunkt erworben haben.

Das Kommandozelt des Schwarzen Generals befindet sich am südwestlichen Rand des Holzhügels, von wo aus man einen guten Überblick über das Schlachtfeld hat. Zwei grimmig und humorlos dreinblickende, mehr breit als hoch gewachsene Kämpfer der Schwarzen Garde verlangen vor dem Eintritt herrisch die Waffen der Helden - aus Erfahrung sind sowohl Oderin als auch Rhônda sehr sparsam, was das Gewähren von Vertrauen angeht. Im Zelt sind die Planungen für die kommende Schlacht in vollem Gange: Aufgeregt plappernde al'anfanische Ordonanzen diskutieren erregt mit Granden-Offizieren in prächtigen, gold- und silberverzierten Rüstungen, kem'sche Laguaner-Ritter in pechschwarzen Holzharnischen - darunter auch Prinzessin Rhônda - drängen sich um den Kartentisch, auf dem der Schwarze General gerade diverse Holzklötzchen verschiebt, Schreiber wieseln geschickt durch die Menge und nehmen Befehle, Anweisungen und Nachfragen entgegen.

Wenn Oderin die Helden bemerkt, schickt er die Soldaten und Schreiber mit einer knappen Handbewegung hinaus. Zurück bleiben neben Prinzessin Rhônda lediglich seine fünfköpfige, schwer bewaffnete Leibgarde unter der Führung des Magiers ♜ *Quintilian Kalando-Paligan* (*1007 BF, massige Gestalt, Offiziersuniform der Schwarzen Armada, kurzer Magierstab, scharfer Verstand, zynisch; meisterlicher Magier; Magiekunde 13 (16/16/15), Willenskraft 12 (14/15/15), Zaubertrick Abkühlung, Armatrutz 13 (16/15/11), Balsam Salabunde 12 (16/15/11), Gardianum 14 (14/16/15), Ignifaxius 11 (14/16/15), Respondami 14 (14/15/15), SK 3).

Zum Vorlesen oder Nacherzählen:

Schneller als ein kurzes Gebet leert sich das schlicht, aber funktionell eingerichtete Zelt des Schwarzen Generals. Eine beinahe unangenehme Stille legt sich für einige Momente über die gerade noch so lebhafte und laute Szenerie. Euer Mentor Odilo nutzt die Gelegenheit, sich diskret und leise in den Hintergrund des Zeltes zurückzuziehen. Neben Oderin seht ihr Prinzessin Rhônda, auf der nicht nur die Hoffnungen Al'Anfas, sondern auch die eines Großteils ihres eigenen Volkes ruhen. Der schwarze, schmucklose Holzharnisch der hochgewachsenen Frau zeigt ebenso wie das Sichelschwert an ihrer Seite Kampfspuren. Der Blick der Prinzessin ist ernst und ruht abschätzend auf euch, als versuche sie, in eure Seelen zu schauen.

Endlich winkt euch der Schwarze General mit einer knappen, ungeduldigen Handbewegung zum Kartentisch. Sein

Gesichtsausdruck zeugt von der Ernsthaftigkeit der Situation und lässt euch realisieren, dass der Ausgang des bevorstehenden Ringens durchaus nicht sicher ist. Oderin schenkt euch nur ein knappes Nicken, ehe er sich an die Prinzessin wendet: „Königliche Hoheit?“

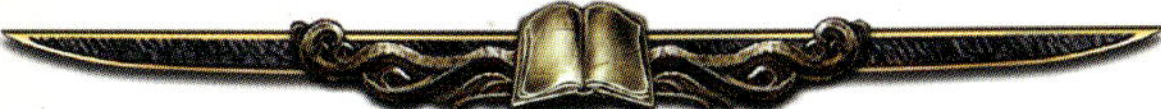

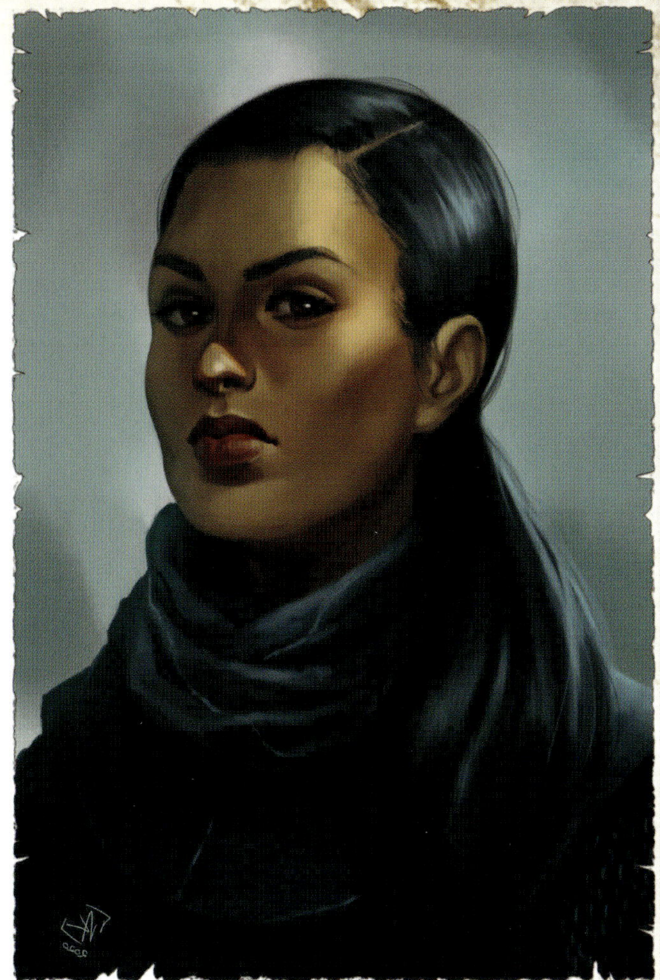

♝ Rhônda IX. Setepen

Kurzcharakteristik: *1005 BF, schlank, hochgewachsen, hüftlanges, zum Zopf gebundenes, schwarzes Haar. Rhônda hat das schmucklose und bescheidene Auftreten einer einfachen Ritterin des Laguaner-Ordens, dessen Gebote sie eisern befolgt. Im Gespräch wirkt sie geduldig und bedacht und behandelt ihr Gegenüber stets mit angemessenem Respekt.

Agenda: Rhônda strebt die Königinnenherrschaft über Kemi nicht aus Machtgier oder Eitelkeit an, sondern weil sie es für ihre Pflicht hält, ihr Land von einer Königin zu befreien, die den Weg des Heiligen Raben verlassen und die Kemi so dem Untergang preisgegeben hat. Dafür ist sie breit, alle Härten in Kauf zu nehmen, die für den Sieg notwendig sind.

Funktion: Die Prinzessin tritt das erste Mal als Auftraggeberin der Helden in Erscheinung. Gewinnen die Helden ihre Gunst, haben sie in ihr eine einflussreiche Verbündete in Kemi und Al'Anfa.

Hintergrund: Rhônda ist die Frucht einer kurzfristigen Affäre ihrer Mutter Peri III. mit dem Granden Deredan Karinor (dessen Vaterschaft Rhônda erst im Schlussakkord der Kampagne enthüllt werden wird). Ihr Vater war auch der Grund, warum Peris Kanzler, Dio de Cavazo, die Prinzessin unter schweigender Duldung der Königin beseitigen lassen wollte – der Kurs der Annäherung Kemis an das Horasreich wäre von einer halb-al'anfanischen Thronprätendentin zu sehr gefährdet worden. Das Unrecht, das ihr zugefügt wurde, das Exil im hart umkämpften Anûr und die nicht enden wollenden Jahre des Krieges haben sie hart und schonungslos gegen sich selbst, Freund und Feind gemacht. In der Schlacht hält sie sich nicht zurück und scheut aus felsenfestem Boronvertrauen heraus keine persönlichen Risiken.

Doch entgegen der landläufigen loyalistischen Propaganda ist Rhônda weder eine grausame Halbdämonin, die Blut aus den Schädeln ihrer Feinde säuft, noch die dumme, laszive Tempelhure, die aus Machtgier und Eitelkeit heraus den Kemi-Thron anstrebt. Ihrer Schwester Ela in der Kriegs- und Staatskunst weit überlegen, ist die tieffromme Prinzessin getrieben vom Verlangen, ihre Kemi-Heimat im Sinne Borons, den sie als Götterfürsten verehrt, umzugestalten. Dass sie dazu aufgrund ihres Blutes die Königinnenwürde erlangen muss, empfindet sie nur als ungewollte, lästige Pflicht – Rhônda meint jedes Wort ernst, das sie zur Begründung des Krieges hat verlauten lassen.

Rhônda kämpft permanent gegen die in ihr schäumende, kalte Wut und die brennende Rachsucht, und nicht immer bleibt sie in diesen Kämpfen siegreich. Fehler und Dummheit verzeiht sie nur selten, und so maßlos, wie sie in ihrer Wut sein kann, so großzügig ist sie gegenüber jenen, die ihr Vertrauen gewonnen haben.

Zu Oderin du Metuant hat sie ein fast töchterliches Verhältnis, da der General ihre Talente und ihr Potential schon früh erkannt hat und niemals zögerte, sie zu fördern und zu unterstützen.

Darstellung: Du weißt um die schwere Last, die du zu tragen hast, obwohl du dich nie darum gerissen hast. Sprich ruhig und bedacht mit knappen, aber klaren und eindringlichen Worten. Zeige stets und deutlich, dass allein der Wille des Heiligen Raben zählt und persönliche Angelegenheiten und Gefühle zurückstehen müssen.

Wichtige Werte: MU 14, KL 13, IN 12, CH 17, FF 12, GE 12, KO 12, KK 12, SK 2, Schlechte Eigenschaft (Neugier, Rachsucht), Götter & Kulte 15, Menschenkenntnis 12, Kriegskunst 14, Selbstbeherrschung 10

Schicksal: Rhônda wird an der Seite ihrer al'anfanischen Förderer den Krieg gewinnen und als Kemi-Königin den Al'Anfanern eine unbequeme, aber loyale Verbündete sein.

»Es kümmert mich nicht, was andere von mir sagen und denken. Es kümmert mich nicht, wenn ich beschimpft, verleumdet und verachtet werde. Es kümmert mich nur, dass ich das in Seinem Sinne Richtige tue. Borons Wille ist alles, was zählt.«

Das Schwert des Heiligen Laguan

Nach Oderins Aufforderung wird sich Rhônda mit knappen Worten an die Helden wenden und ihnen ihren Auftrag erklären: Sie sollen über die Heerstraße zurück in Richtung Yleha ziehen und dort Ausschau nach Said Bonareth halten, der am Morgen nicht wie vereinbart bei der Hauptmacht des al'anfanischen Heeres eingetroffen ist. Said hatte den Auftrag, das Schwert des Heiligen Laguan zu Rhônda zu bringen. Bei der Waffe handelt es sich um ein unscheinbares, altkem'sches Sichelschwert aus Bronze. Die Waffe weist keinerlei Verzierungen auf und ist stellenweise schon grün angelaufen. Das Leder des Griffs ist im Laufe der Jahrhunderte längst zerfallen. Kenntlich ist das Schwert nur am Siegel des Heiligen Laguan am Übergang zwischen Heft und Klinge.

Weitere Informationen hält Rhônda für uninteressant und unwichtig, sodass sie diese nur auf Nachfrage preisgibt.

- Said Bonareth hat die Herausgabe des Schwertes mit der ylehischen Priesterschaft im Kloster Al'Areal vereinbart. Die abgelegene Lage des Klosters im Nordwesten Ylehas und die komplizierte Natur der Verhandlungen haben die Herausgabe der Reliquie verzögert, da ein diplomatisches Vorgehen im Sinne der Loyalität der Ylehi unabdingbar war. Aus diesem Grunde konnte das Hauptheer nicht auf Said Bonareth warten.
- Said war mit einer kleinen Eskorte aus vier *Rabenkrallen* unterwegs und wurde das letzte Mal in Fort Südergart gesehen. Beim Abmarsch nach Süden waren alle Mitglieder der kleinen Expedition wohlauf. Du kannst an dieser Stelle den ein oder anderen Bekannten der Helden einfügen, um der Angelegenheit durch deren Tod eine für die Helden besonders persönliche Note zu geben.
- Das Schwert ist eine der wichtigsten Reliquien, die der kem'sche Boronglaube kennt. Mit diesem Schwert hat der Heilige Laguan sein Leben lang gegen die menschlichen und übernatürlichen Feinde des Rabenherrn gestritten. Sein Besitz ist ein Zeichen für die Gunst Borons und wird demjenigen, der es besitzt, nicht nur Zulauf von zahlreichen schwankenden Seelen gewähren, sondern auch die Truppen in der Schlacht motivieren und inspirieren.
- Fragen die Helden nach Said Bonareth, so gibt Rhônda unumwunden zu, dass ihr dessen Schicksal recht gleichgültig ist – nur die Reliquie zählt. In diesem Falle wird Oderin mit einem knappen Lächeln anfügen, dass er dagegen durchaus daran interessiert ist, Said am Leben und wohlauf wiederzusehen.

Helden mit guter Menschenkenntnis können feststellen (Probe auf *Menschenkenntnis (Motivation durchschauen)* –3), dass Oderin und Rhônda sich nicht nur auf militärischer, sondern auch auf persönlicher Ebene nahestehen.

Leben und leben lassen

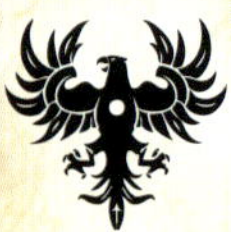

Horasische Helden könnten an dieser Stelle erwägen, dem al'anfanischen Kriegszug mit einem Hieb den Kopf abzuschlagen und einen Angriff auf Oderin und Rhônda zu wagen. Da beide aber die Kampagne überleben und auch in Zukunft noch eine Rolle spielen werden, solltest du den Helden in der Beschreibung der Szene klarmachen, dass ein Attentat in dieser Situation ein Alveranskommando mit höchst zweifelhaften Erfolgsaussichten ist.

Sowohl Oderin als auch Rhônda sind vertraut mit der Abwehr von Anschlägen auf ihr Leben, Waffen haben die Helden keine bei sich und die Leibwächter und der Leibmagier sind aufmerksam und auf schnelle und tödliche Gewaltausübung vorbereitet. Riskieren die Helden es dennoch oder haben sie sogar einen Plan für eine solche Situation erarbeitet, kannst du ihnen eine spannende Kampfsituation bieten, in deren Verlauf sie möglicherweise Rhônda oder Oderin verwunden und knapp entkommen können. Für die Helden ist die Kampagne und das Abenteuer dann natürlich vorbei, während General und Prinzessin durch Magie und profane Heilkunst wie geplant an der Schlacht von Mehat teilnehmen können.

Die Ränke der Verschwörer

Tatsächlich sind Oderins Befürchtungen, Said könne auf seinem Weg etwas zugestoßen sein, nicht unbegründet. Der Grande wurde mit seiner Eskorte in einen Hinterhalt gelockt und in ein altes Bergwerk verschleppt. Ausgeführt haben die Tat Marvana Zornbrechts Schlagetots, die, als al'anfanische Patrouille verkleidet, Saids überraschte Reisegruppe überwältigen konnten. Am Ort des Geschehens haben die Kopfgeldjäger anschließend falsche Spuren hinterlassen, die auf einen Waldmenschenüberfall hindeuten. Um die Täuschung noch glaubhafter zu machen, scheuten sie außerdem nicht davor zurück, zeitweise einen Said recht ähnlich sehenden tulamidischen Glücksritter in ihre Reihen aufzunehmen, der nicht ahnte, dass er nach dem Überfall die wichtige Rolle des toten Granden zu spielen haben würde.

Said selbst haben die Söldner auf Befehl Emilia Bonareths lebend gefangen genommen, denn die Grandessa besteht darauf, dass ihr verhasster Verwandter ebenso elendig an Gift zugrunde gehen soll wie sie selbst. Zu diesem Zweck soll er in der verlassenen Mine als Versuchskaninchen für das „Blut des Landes“ dienen, ein altes, kem'sches Gift, das aufgrund seines Zersetzungsprozesses erst vor Ort von einem erfahrenen Alchimisten destilliert werden kann. Führen die Versuche zu Saids qualvollem und unrühmlichem Ende, so steht den Verschwörern endlich ein probates Mittel zur Verfügung, mit dem zu einem späteren Zeitpunkt auch der Schwarze General zu Boron geschickt werden kann.

Damit sind die Helden entlassen und können sich an die Vorbereitung ihrer Mission machen. Zu lange sollten sie nicht zögern, denn sie werden – mit der Reliquie – noch vor der großen Schlacht zurückerwartet.
Odilo begleitet die *Rabenkrallen* noch zu ihrem Zelt und gibt sich besorgt. Er erzählt den Helden von marodierenden, beutegierigen Tschopukikuha-Banden zwischen Mehat und Fort Südergart und ermahnt sie zu größter Vorsicht. Mit dieser Lüge will der Verschwörer die fingierte Überfallstelle seiner Kameraden für die Helden glaubhafter machen. Falls die Helden die Täuschung durchschauen (mit einer Probe auf *Menschenkenntnis (Lügen durchschauen)* gegen Odilos *Überreden (Manipulieren)*, FW 15 (14/15/15)) und tatsächlich zum Bergwerk finden sollten, hat Odilo seine Mitverschwörer bereits im Vorfeld gewarnt und „zur Sicherheit" darauf bestanden, im Bergwerk einen Hinterhalt gegen mögliche Eindringlinge vorzubereiten.

Auf Saids Spur

Da davon auszugehen ist, dass die Schlacht um Mehat spätestens am nächsten Vormittag wieder entbrennen wird, stehen die *Rabenkrallen* unter Zeitdruck. Vor dem Aufbruch können sie ihre Ausrüstung ersetzen; für aufwendige Reparaturen bleibt jedoch keine Zeit, obwohl das al'anfanische Heer eine Feldschmiede mit sich führt. Spezielle Ausrüstungsgegenstände, wie beispielsweise Alchimika oder Gifte, sind zwar verfügbar, werden aber für die kommenden Ereignisse zurückgehalten, wenn die Helden den Quartiermeister nicht mit sehr guten Begründungen von der Herausgabe überzeugen können. An dieser Stelle kannst du deine Heldengruppe je nach Zustand so ausstatten, dass die kommenden Herausforderungen weder zu schwer noch zu einfach werden.
Der Weg nach Osten, den die Helden nehmen müssen, zeigt deutliche Spuren vom Marsch der al'anfanischen Hauptmacht. Abfall, zerbrochene Wägen, kaputte Ausrüstung und das ein oder andere eilig geschaufelte Grab säumen den ausgetretenen, schlammigen Dschungelpfad, auf dem man nur mühsam vorankommt. Die Suche nach Saids Spuren ist zudem durch die dunkle Nacht erheblich erschwert (Probe auf *Fährtensuchen (humanoide Spuren)* –5, durch Lichtquellen kann die Erschwernis auf bis zu –2 sinken), und trotz Fackel- oder Laternenlicht mögen Hinterlassenschaften der al'anfanischen Armee die Helden das ein oder andere Male durch erfolglose Untersuchungen aufhalten.

Um die Helden noch mehr unter Druck zu setzen, kannst du sie je nach Wunsch noch mit Zufallsbegegnungen konfrontieren. Der nächtliche Dschungel ist das Revier gefährlicher Jäger.

Zufallsbegegnungen (1W6)

1 ... ein Schwarm von 1W20 Vampirfledermäusen flattert um die Helden. Die handtellergroßen, kaum zu hörenden und sehenden Tiere saugen zwar kein Blut, wehren sich aber dennoch mit Zähnen und Klauen, wenn sie aufgeschreckt werden. Ein Biss oder Kratzer richtet kaum Schaden an, kann aber unangenehme Krankheiten übertragen.

2 ... ein großer, prächtiger Jaguar schleicht über Stunden um die *Rabenkrallen* herum (Vergleichsprobe auf *Sinnenschärfe (Hinterhalt entdecken)* –2 gegen *Verbergen* des Jaguars) und nutzt die Gelegenheit zum Angriff, sollte sich ein Held unvorsichtigerweise zu weit von der Gruppe entfernen.

3 ... unter einem zerbrochenen Wagen, den die Helden gerade auf Spuren untersuchen, hat sich eine Boronsotter zusammengerollt. Die Schlange greift an, wenn sie sich von einem unvorsichtigen oder unaufmerksamen Helden bedroht fühlt.

4 ... eine Kolonne Söldnerameisen kreuzt den Weg der *Rabenkrallen*. Die Tiere scheuen sich nicht, die Helden als Mahlzeit in Erwägung zu ziehen, sollten sich diese unvorsichtigerweise zu sehr nähern (Probe auf *Sinnesschärfe (Wahrnehmen)* –4, um die Ameisen rechtzeitig zu bemerken, ansonsten: 6 SP; Probe auf *Körperbeherrschung*; –1 SP pro QS).

5 ... eine Gruppe von 1W6 Deserteuren beider Heere hat dem Krieg den Rücken gekehrt und sich auf eine Karriere als Leichenfledderer und Straßenräuber verlegt. Die Helden ertappen sie, wie sie einen toten al'anfanischen Offizier aus seinem Grab zerren, um seine Leiche zu fleddern. Dass die Helden dabei nicht gerade willkommen sind und zudem nach lohnender Beute aussehen, entspannt die Situation nicht gerade (Werte siehe Seite **29**).

6 ... eine Gruppe von 2W6 fetten, wohlgenährten Wolfsratten fühlt sich durch die Helden beim Nachtmahl gestört. Um zu verhindern, dass diese ihnen den schmackhaften, halbverwesten Affenkadaver streitig machen, greifen sie sie *Rabenkrallen* an (siehe **Aventurischer Almanach** Seite **171**).

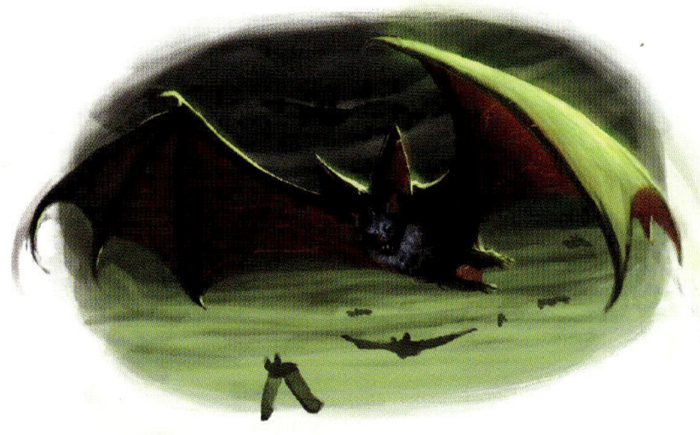

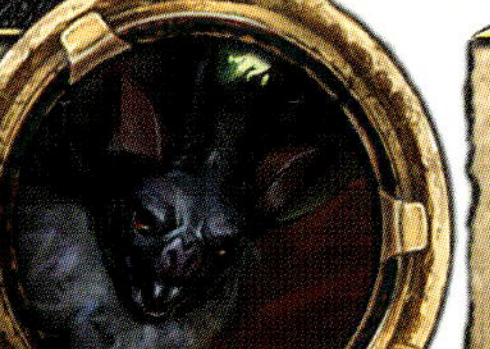

Vampirfledermaus
Größe: 0,50 bis 0,60 Schritt, 0,80 bis 1,00 Schritt Flügelspannweite
Gewicht: 0,40 bis 0,5 Stein
MU 12 **KL** 10 (t) **IN** 13 **CH** 10
FF 9 **GE** 15 **KO** 9 **KK** 11 (k)
LeP 5 **AsP** – **KaP** – **INI** 14+1W6
VW 8 **SK** –2 **ZK** –1 **GS** 13 (in der Luft)
Biss: AT 10 **TP** 1W2(+Krankheit)* **RW** kurz
RS/BE: 0/0
Aktionen: 1
Sonderfertigkeiten: Angriff auf ungeschützte Stellen (Biss), Flugangriff (Biss), Verbeißen (Biss, Opfer erhält aber nicht den Status *Fixiert*)
Talente: Fliegen 12, Körperbeherrschung 5, Kraftakt 1, Selbstbeherrschung 7, Sinnesschärfe 15, Verbergen 10, Einschüchtern 3, Willenskraft 6
Anzahl: 1W20+10 (kleiner Schwarm) oder 2W20+20 (großer Schwarm)
Größenkategorie: klein
Typus: Tier, nicht humanoid
Beute: 0,5 Rationen Fleisch
Kampfverhalten: Im Gegensatz zu normalen Fledermäusen greifen Vampirfledermäuse, wenn sie aufgescheucht werden, menschengroße Wesen an und beißen diese. Sie saugen kein Blut, aber sie übertragen bei ihren Bissen tückische Krankheiten.
Flucht: Verlust von 50% der LeP
Schmerz +1 bei: 4 LeP, 3 LeP, 2 LeP, 1 LeP
Tierkunde (Wildtiere):

- **QS 1:** Vampirfledermäuse mögen kein Feuer und greifen an, wenn sich jemand damit bis auf 7 Schritt nähert.
- **QS 2:** Sie versuchen immer, ungeschützte Stellen anzugreifen. Entgegen ihrem Namen saugen sie aber kein Blut, sondern beißen nur zu.
- **QS 3+:** Vampirfledermäuse übertragen diverse Krankheiten.

Jagd: –3
Sonderregeln:
*) *Krankheit:* Vampirfledermäuse können Krankheiten übertragen. Für je 10 SP durch Vampirfledermäuse muss mit 1W20 gewürfelt werden: 1-12 (keine Krankheit), 13-16 (Lutanas), 17-20 (Tollwut). Ein Held kann nicht durch Bisse an mehreren Krankheiten erkranken. Ist der Held infiziert, muss eine Krankheitsprobe abgelegt werden (zu Lutanas siehe **Regelwerk** Seite **343**, zu Tollwut siehe **Aventurischer Almanach** Seite **129**).
Verabscheuungswürdige Geweihte der Zwölfgötter: Sollten sich Geweihte der Zwölfgötter in der Wahrnehmungsreichweite der Vampirfledermäuse aufhalten, stürzt sich ein Großteil der Tiere auf diese. Der Fledermausschwarm lässt erst von den Gegnern ab, wenn die Hälfte der Tiere tot ist. Dieses aggressive Verhalten gilt nicht gegenüber Geweihten des Namenlosen oder Geweihten, deren Gottheit nicht zu den alveranischen Gottheiten zählt.

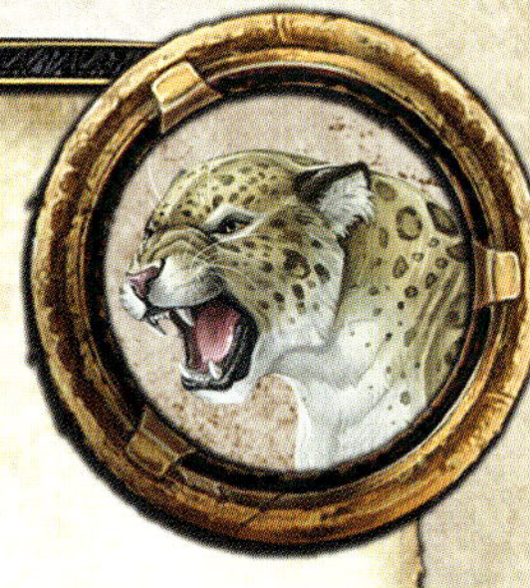

Jaguar
Größe: 1,40 bis 1,80 Schritt (ohne Schwanz); 2,00 bis 2,40 Schritt (mit Schwanz); 0,70 bis 0,80 Schritt Schulterhöhe
Gewicht: 80 bis 130 Stein
MU 14 **KL** 11 (t) **IN** 13 **CH** 13
FF 12 **GE** 16 **KO** 13 **KK** 14
LeP 40 **AsP** – **KaP** – **INI** 17+1W6
VW 10 **SK** –3 **ZK** 0 **GS** 16
Biss: AT 15 **TP** 2W6+1 **RW** kurz
Pranke: AT 15 **TP** 1W6+2 **RW** kurz
RS/BE: 0/0
Aktionen: 2 (max. 1 x Biss)
Vorteile/Nachteile: keine
Sonderfertigkeiten: Anspringen (Pranke), Finte I (Pranke, Biss), Kampfreflexe I+II, Verbeißen (Biss), Verbessertes Ausweichen I+II
Talente: Einschüchtern 9, Klettern 13, Körperbeherrschung 12, Kraftakt 7, Schwimmen 3, Selbstbeherrschung 5, Sinnesschärfe 12, Verbergen 12, Willenskraft 6
Anzahl: 1 oder 1W3+1 (Jagdgruppe, in Ausnahmefällen)
Größenkategorie: mittel
Typus: Tier, nicht humanoid
Beute: 50 Rationen Fleisch, Fell (15 Silbertaler), Trophäe (Zähne, 4 Silbertaler)
Kampfverhalten: Jaguare verstecken sich auf Bäumen und lauern dort auf ihre Beute. Manchmal tun sie dies bis zu einer halben Stunde lang, bevor sie angreifen. Sie versuchen, sich an ihr Opfer heranzuschleichen und es zu überraschen.
Flucht: Verlust von 50 % der LeP
Schmerz +1 bei: 30 LeP, 20 LeP, 10 LeP, 5 LeP oder weniger
Tierkunde (Wildtiere):

- **QS 1:** Jaguare werden durch den Geruch von gebratenem Fleisch am Lagerfeuer angelockt. Sie greifen aber nicht sofort an, sondern beobachten menschengroße Wesen in der Regel erst eine Weile und entscheiden dann, ob sie angreifen oder nicht.
- **QS 2:** Die Waldmenschenstämme Südaventuriens verehren Kamaluq, den göttlichen Jaguar. Ob das Erlegen eines Jaguars bei einem der Stämme Ansehen einbringt oder die Waldmenschen zornig macht, ist von Stamm zu Stamm und von Sippe zu Sippe unterschiedlich.
- **QS 3+:** Jaguare transportieren ihre Beute an einen sicheren Ort.

Jagd: –3
Sonderregeln:
Beute verschleppen: Wenn ein Jaguar seine Beute erlegt hat oder sie *Handlungsunfähig* ist, schleppt er sie vom Kampfplatz weg, um sie zu einem sicheren Versteck zu bringen (z. B. in eine Höhle oder auf einen Baum, den er erklettern kann). In dieser Situation lässt er von seiner Beute nur ab, wenn er stark verwundet wird (unter 25 % seiner LeP). Solange er seine Beute mitschleppt, ist er sehr langsam (GS 4).

Angriff auf ungeschützte Stellen
(Spezialmanöver)

Mittels dieser Sonderfertigkeit kann eine Attacke gegen eine ungeschützte Körperstelle erfolgen.

Regel: Wenn die AT des Wesens gelingt und die Verteidigung des Ziels misslingt, kann Rüstungsschutz, der durch Kleidung und Rüstungen zustande gekommen ist, ignoriert werden. Gegen diesen Angriff kann man sich normal verteidigen. Die Attacke ist um –2 erschwert. Magischer, karmaler oder natürlicher Rüstungsschutz kann nicht umgangen werden und schützt weiterhin.

Erschwernis: –2

Voraussetzungen: Wesen verfügt automatisch über die SF

Anspringen (Spezialmanöver)

Einige Kreaturen versuchen, mit etwas Anlauf oder aus dem Stand heraus, ihren Gegner anzuspringen und zu Fall zu bringen.

Regel: Gegen diesen Angriff kann man sich normal verteidigen. Ist die Verteidigung misslungen, stürzt der Gegner und erleidet den Status *Liegend*. Der Angriff verursacht 1W3 TP anstelle des eigentlichen Schadens. Die Kreatur sitzt zudem auf ihrem Opfer und genießt eine Vorteilhafte Position (siehe **Regelwerk** Seite **238**). Um das Wesen herunterzubekommen, ist eine Vergleichsprobe auf *Kraftakt (Heben & Stemmen)* notwendig, die um je volle 50 Stein Gewicht der Kreatur um –1 erschwert ist. Dies kostet eine Aktion. Will der Held gleichzeitig auch noch aufstehen, so ist die Probe um zusätzlich um –3 Punkte erschwert. Ein misslungener Angriff bedeutet, dass dem Gegner ein Passierschlag zusteht. Die Attacke ist um –4 erschwert.

Erschwernis: –4

Voraussetzungen: Wesen verfügt automatisch über die SF

Deserteure

MU 13 **KL** 11 **IN** 13 **CH** 11
FF 12 **GE** 13 **KO** 13 **KK** 14
LeP 32 **AsP** – **KaP** – **INI** 13+1W6
AW 7 **SK** 1 **ZK** 2 **GS** 7
Waffenlos: AT 14 **PA** 9 **TP** 1W6 **RW** kurz
Dolch: AT 14 **PA** 8 **TP** 1W6+1 **RW** kurz
Kurzschwert: AT 14 **PA** 9 **TP** 1W6+2 **RW** kurz
Säbel: AT 14 **PA** 9 **TP** 1W6+3 **RW** mittel
Kurzbogen: FK 13 **LZ** 1 **TP** 1W6+4 **RW** 10/50/80
RS/BE: 3/0 (Lederrüstung) (Modifikatoren durch Rüstungen bereits eingerechnet)
Vorteile/Nachteile: Krankheitsresistenz I
Sonderfertigkeiten: Aufmerksamkeit, Belastungsgewöhnung I, Finte I (Waffenlos, Dolch, Kurzschwert, Säbel), Kampfreflexe I, Muttersprache Garethi III, Ortskenntnis (Heimatdorf), Sturmangriff (Säbel, Kurzschwert), Vorstoß (Waffenlos, Dolch, Kurzschwert, Säbel), Wuchtschlag I (Waffenlos, Kurzschwert, Säbel)
Talente: Einschüchtern 8, Gassenwissen 8, Handel 6, Körperbeherrschung 9, Kraftakt 10, Menschenkenntnis 7, Selbstbeherrschung 9, Sinnesschärfe 10, Überreden 5, Verbergen 6, Willenskraft 8
Kampfverhalten: Die Deserteure benutzen am liebsten *Finten*. Einer von ihnen wird allerdings versuchen, aus der Distanz die Helden mit seiner Fernkampfwaffe anzugreifen.
Flucht: Verlust von 75 % der LeP
Schmerz +1 bei: 24 LeP, 16 LeP, 8 LeP, 5 LeP oder weniger

Boronsotter

Größe: 3,00 bis 3,50 Schritt
Gewicht: 5 bis 8 Stein
MU 14 **KL** 12 (t) **IN** 14 **CH** 12
FF 10 **GE** 13 **KO** 12 **KK** 13
LeP 18 **AsP** – **KaP** – **INI** 9+1W6
VW 4 **SK** 1 **ZK** 1 **GS** 3
Biss: AT 11 **TP** 1W6+1(+Gift)* **RW** kurz
RS/BE: 0/0
Aktionen: 1
Vorteile/Nachteile: keine
Sonderfertigkeiten: Angriff auf ungeschützte Stellen (Biss, siehe Seite **29**), Verbeißen (Biss)
Talente: Einschüchtern 9, Klettern 5, Körperbeherrschung 7, Kraftakt 6, Schwimmen 3, Selbstbeherrschung 5, Sinnesschärfe 6, Verbergen 11, Willenskraft 7
Anzahl: 1
Größenkategorie: klein
Typus: Tier, nicht humanoid
Beute: 2 Rationen Fleisch, Haut (10 Silbertaler)
Kampfverhalten: Boronsottern verbergen sich im Blätterdach niedriger Bäume, stoßen von dort aus dem Hinterhalt mit einem *Biss* auf ihr Opfer herab und versuchen dann, es zu sich in die Baumkrone zu zerren.
Flucht: Verlust von 50 % der LeP
Schmerz +1 bei: 14 LeP, 11 LeP, 8 LeP, 5 LeP oder weniger
Tierkunde (Wildtiere):

- **QS 1:** Boronsottern sind die vielleicht giftigsten Schlangen Aventuriens.
- **QS 2:** Sie lauern auf niedrigen Ästen im Regenwald und beißen von dort blitzschnell zu.
- **QS 3+:** Ihr Gift kann ein Opfer innerhalb von Sekunden lähmen. Ein wirksames Gegengift ist nicht bekannt.

Jagd: –3
Sonderregeln:
*) *Boronsotterngift*: Mit ihrem starken Lähmungsgift kann die Boronsotter ihr Opfer schnell hilflos machen. Das Gift wirkt jedoch nicht kumulativ.
Stufe: 4
Art: Waffengift, tierisch
Widerstand: Zähigkeit
Wirkung: 2W6 SP, 4 Stufen *Paralyse*, Erstickungsschaden während der Wirkungsdauer (siehe **Regelwerk** Seite **341**) / 1W6 SP, 2 Stufen *Paralyse*
Beginn: 5 KR
Dauer: 10 Minuten
Kosten: 400 Silbertaler

Etwa 10 Meilen westlich von Fort Südergart stoßen die Helden schließlich auf den Ort, an dem der unglückliche Said von Marvanas Kopfgeldjägern verschleppt wurde.

Zum Vorlesen oder Nacherzählen:
Zum wiederholten Male verflucht ihr mit Inbrunst den grauenvollen Auftrag, den euch die Kemi-Prinzessin gegeben hat. Es ist wahrlich kein Vergnügen, in der Dunkelheit einer schwülheißen Dschungelnacht umher zu stolpern, in der das Licht eurer Fackeln nicht nur dichte, summende Wolken von Moskitos anzieht, sondern darüber hinaus auch allerlei menschliche und tierische Räuber. Alles in diesem furchtbaren Land scheint nach eurem Blut zu trachten. Ihr fragt euch zum tausendsten Mal, wann dieser unerträgliche Alptraum sein Ende finden mag, als euch der flackernde Schein des Fackellichts endlich die ersehnte Antwort gibt: Im unsteten Licht des Feuers seht ihr mehrere Körper am Rande des Weges liegen. Große Lachen rostbraunen, geronnenen Blutes, der süßlich-schwere Fäulnisgestank und Myriaden von fetten, schillernden Fliegen bestätigen jedoch eure schlimmsten Befürchtungen: Said Bonareth und seine Leibwächter sind tot! Als ihr näherkommt, bietet sich euch ein Bild des Grauens: Die Leichen wurden grausam verstümmelt und geplündert; die Köpfe der Toten fehlen. Pfeile und Wunden, die von Kriegskeulen und Speeren zu stammen scheinen, zieren wie morbider Schmuck die geschundenen Leiber der Al'Anfaner.

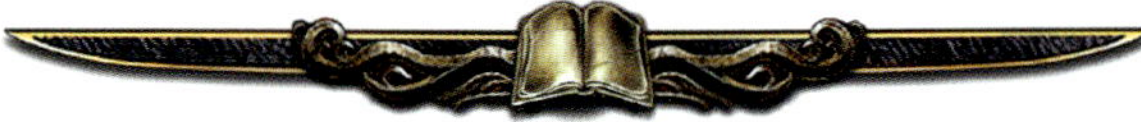

Tatortermittlungen
Die Kopfgeldjäger haben den Tatort nach dem Überfall so präpariert, dass der unkundige Beobachter davon ausgehen muss, dass kopfjagende Tschopukikuha für die Bluttat verantwortlich sind. Da die Schergen jedoch nur über rudimentäre Kenntnisse der Bräuche und Kampfweise der Waldmenschen verfügen und zudem in Eile waren, können den *Rabenkrallen* bei einer Untersuchung des Tatorts schnell Ungereimtheiten auffallen.
Zunächst sieht die Szene aus, wie man es von einem Überfall der Tschopukikuha vermuten könnte. Die fünf Toten, welche die Helden möglicherweise vor wenigen Tagen in Yleha kennengelernt haben, weisen vermeintlich eindeutige Spuren auf: Die Köpfe der Dahingeschlachteten wurden abgetrennt und sind verschwunden, die Körper verstümmelt und gefleddert, Pfeile nach Tschopukikuha-Art liegen im halben Dutzend herum. Die Wunden scheinen mit den für diese Waldmenschen typischen Waffen zugefügt worden zu sein und an den Wappenröcken der Toten sind hier und da Reste von Tschopukikuha-Kriegsbemalung zu finden.
Hinweise auf die Inszenierung sind jedoch ebenfalls festzustellen:

- Der Überfall kann kein Hinterhalt gut verborgener Waldmenschen gewesen sein. Dazu bietet der Dschungel links und rechts des Wegs zu wenig gute Verstecke für einen Tschopukikuha-Angriffstrupp, der es mit vier erfahrenen Gardisten und dem kampfkräftigen Said Bonareth aufnehmen könnte. Ein weitaus besserer Platz für einen Überfall aus dem Verborgenen wäre keine fünfzig Schritt weiter westlich vorhanden gewesen (Probe auf *Kriegskunst (Partisanenkampf)*).
- Im Dschungel rechts und links des Kampfplatzes sind keine Spuren zu finden, die auf im Hinterhalt lauernde Angreifer hindeuten. Es sind weder Fußspuren noch entsprechend beschädigte Pflanzen zu entdecken (Probe auf *Fährtensuchen (humanoide Spuren)* –1).
- Die Körper der Toten weisen kaum Kampfwunden auf, wie sie bei einem Abwehrkampf entstehen würden. Sie scheinen also entweder überrascht worden oder über die bösen Absichten der Angreifer getäuscht worden zu sein. (Probe auf *Heilkunde Wunden* –1).
- Die zurückgelassenen Pfeile sind samt und sonders noch intakt. Tschopukikuha-Waldmenschen hätten diese auf einem Beutezug nicht zurückgelassen, da es auf einem solchen meist keine Gelegenheit gibt, Munition nachzufertigen (Probe auf *Geographie (Tiefer Süden)* +1).
- Die Reste von Waldmenschen-Kriegsbemalung an den Körpern der Getöteten finden sich auch an Stellen, die während des Kampfes von Kleidung bedeckt gewesen sein müssen. Somit kann die Farbe erst nach dem Kampf aufgetragen worden sein. Eine solche Sitte ist aber von den Tschopukikuha nicht bekannt (Probe auf *Geographie (Tiefer Süden)* –1).
- Die Köpfe der Getöteten wurden mitsamt Hals abgetrennt. Tschopukikuha trennen die Köpfe ihrer getöteten Feinde aber unmittelbar unter dem Kinn vom Körper. Die den Al'Anfanern nach dem Tode zugefügten Verstümmelungen wirken zu willkürlich für in der Schlacht siegreiche Tschopukikuha-Waldmenschen (Probe auf *Sagen & Legenden (Tiefer Süden)*).
- Obwohl der vorgebliche Leichnam Said Bonareths dem Granden in Statur und Größe gleicht, erkennen aufmerksame Helden sofort, dass dessen Haut eine Spur heller ist als die, die sie von Said kennen. Zudem zeigt die Leiche einen unübersehbaren Bauchansatz, den Said bei der letzten Begegnung mit den *Rabenkrallen* nicht aufwies. Auffällig ist auch, dass die Waldmenschen ausgerechnet das Amulett mit der Lotusblüte der Bonareth übersehen haben sollen, das die Leiche in der verkrampften, linken Faust verbirgt (Probe auf *Sinnenschärfe (Suchen* oder *Wahrnehmen)* –1).

Haben die Helden die Täuschung durchschaut, können sie bei einer gründlichen Untersuchung der Gegend tatsächlich Spuren finden, die etwa dreißig Schritt östlich des Tatorts nach Süden in den Dschungel führen: ein halber, blutiger Fußabdruck, abgebrochene Äste, ein seidenes Taschentuch, das Said unauffällig zurücklassen konnte, bevor das Schlafgift, mit dem seine Entführer ihn traktierten, seine Wirkung tat.
Etwa fünfzig Schritt vom Militärpfad entfernt werden die Spuren der Entführer deutlicher: Marvanas Schlagetots hielten es nun nicht mehr für notwendig, ihren Weg weiter zu verhehlen, und gingen dazu über, sich den Pfad mit Macheten freizuhauen. Fährtenkundige Helden können bei genauerer Untersuchung der Spuren feststellen, dass

• An dieser Stelle kannst du auch die Regeln für *Meucheln* und *Betäuben* aus dem **Aventurischen Kompendium II** Seite **117** verwenden.

es sich bei Saids Angreifern um mindestens sieben bis zehn Personen mit gutem Schuhwerk gehandelt haben muss. Einer der Schurken ist deutlich tiefer in den weichen Boden eingesunken als seine Kameraden – es ist offensichtlich, dass er oder sie sich mit einer schweren Last abgemüht hat (Probe auf *Fährtensuche (humanoide Spuren)* –2).

Folgen die *Rabenkrallen* dem Weg der Angreifer, erreichen sie nach eineinhalb Stunden ohne weitere Mühen das aufgegebene Bergwerk, in dem Marvanas Mordbande Said Bonareth ein unerfreuliches Ableben bereiten will. Sollten die Helden aus Gründen der Vorsicht auf Licht verzichten, erreichen sie ihr Ziel zwar erst nach über zwei Stunden, können bei ihrer Annäherung von den Söldnern jedoch kaum entdeckt werden. Den Weg werden die *Rabenkrallen* so oder so finden, denn auch in der Dunkelheit der Tropennacht ist der Pfad, den sich die Verschwörer durch die dichte Vegetation gebahnt haben, unschwer zu erkennen.

Die verlassene Mine

Das Bergwerk, in das sich die Verschwörer mit ihrer Beute zurückgezogen haben, liegt etwa zwei Stunden südlich des Überfallsortes in den Ausläufern des Gereh-Hügellandes, eines niedrigen, aber extrem dicht bewaldeten und kaum passierbaren Höhenzugs, der die Provinz Yleha von den südlicher gelegenen Kemi-Provinzen trennt. Die Opalmine gilt seit etwa achtzig Jahren als erschöpft und ist seitdem dem Verfall preisgegeben; bis zu dieser Zeit schürften hier Zwangsarbeiter aus der garethischen Kronkolonie Trahelien nach den wertvollen Steinen.

Rettungsmission

Zum Vorlesen oder Nacherzählen:

So leise wie nur möglich schlagt ihr euch durch den nächtlichen Dschungel. Das nahe Geschrei von Affen, das ferne Gebrüll eines Jaguars und das vielfältige Rascheln und Knistern im Blattwerk um euch herum machen unmissverständlich klar, dass ihr nicht allein seid. Zu eurem Glück ist trotz der Dunkelheit der sternklaren Nacht der Pfad durch den Wald deutlich zu erkennen – eure Widersacher machten sich an dieser Stelle keine Mühe mehr, ihre Anwesenheit zu verschleiern. Das Gelände ist uneben, sumpfig und modrig, der Pflanzenwuchs dicht und reichhaltig. Euch fällt auf, dass der Pfad, dem ihr folgt, der Überrest eines alten, länger nicht mehr genutzten Weges sein muss. Gerade habt ihr euch wieder einen rutschigen Hügel hinaufgequält, als ihr in der vor euch liegenden Senke Lichtschein seht. Gedeckt durch die nächtliche Dunkelheit und die Geräuschkulisse des Dschungels schleicht ihr näher heran. Aus dem Gebüsch späht ihr auf eine kleine Lichtung, an deren Ende ein abweisend dunkler, mit morschem Holz abgestützter Eingang in den hügeligen Felsen führt. Zwei gelangweilte Wächter stehen an einem prasselnden Lagerfeuer und tauschen anzügliche Witze aus. Der bullige, glatzköpfige Mann und die große Frau mit den vielen Narben im Gesicht sind gut gerüstet, bewaffnet und wirken wie erfahrene Schlagetots, die mit Waffen durchaus umzugehen wissen.

Die beiden Wächter, „Admiralissima" *Eliana Cortez* (40, groß, athletisch, kurzes, dunkelblondes Haar; kompetente Kämpferin; Willenskraft 14 (15/13/13), SK 2) und *Iago San Cristobal* (34, Glatze, bullig, muskulös; kompetenter Kopfgeldjäger; Willenskraft 12 (14/14/12), SK 2), fühlen sich in ihrem Versteck sicher und halten Odilos Befehl, sich auf eine Befreiungsmission durch einen al'anfanischen Rettungstrupp vorzubereiten, für übertrieben. So haben die Helden gute Chancen, die Wächter schnell und ohne großes Aufsehen auszuschalten (Vergleichsprobe zwischen *Verbergen (Schleichen)* –1 gegen *Sinnesschärfe* –2 der Wächter; bei Gelingen kann man sie sofort töten oder gefangen nehmen•). Kommt es zum Kampf, werden Iago und die Admiralissima versuchen, so schnell wie möglich in die Mine zu fliehen, um sich ihren Kameraden anzuschließen. Im Labyrinth der dunklen Stollen hoffen sie, die eindringenden Helden ohne großes Federlesen ausschalten zu können. In jedem Fall geben sie lautstark Alarm, sobald sie offen angegriffen werden. Das nutzen die in der Mine lauernden Kopfgeldjäger jedoch nicht, um den Bedrängten zu Hilfe zu kommen, sondern dazu, all ihre Lichtquellen zu löschen und sich in der pechschwarzen Dunkelheit auf die nahenden Helden vorzubereiten.

Wer hat hier das Sagen?

Werden gefangen genommene Wächter nach ihrem Anführer befragt, beschreiben sie den Helden möglicherweise eine alte Bekannte: *Daria* (35, verätztes Gesicht, sadistisch, überheblich; hervorragende Kämpferin und Spurenleserin; Körperbeherrschung 10 (14/14/14), Kraftakt 10 (14/13/13), Selbstbeherrschung 11 (14/14/14), Sinnesschärfe 12 (12/14/14), Willenskraft 9 (14/14/11), SK 2), die ihnen vielleicht bereits früher ein Ärgernis gewesen ist (siehe **Der Biss der Spinne** Seite **51** und **Der Sturz des Adlers** Seite **56**).

Damit ist für die *Rabenkrallen* klar, dass die in Ungnade gefallene Marvana Zornbrecht wieder einmal ihre Finger im Spiel hat – auch wenn kein endgültiger Beweis gegen die Generalin zu finden sein wird.

Sollte Daria bereits tot sein, werden die Kopfgeldjäger von *Alfonso de la Puente* (29, massig, brutal, dünner Schnauzbart) angeführt, den die Helden aus **Der Sturz des Adlers** bereits kennen könnten. Hat dieser auch schon sein Ende gefunden, werden Marvanas Schläger nun von *Enrique „Nasenbrecher" Molinaro* (28, groß, drahtig, fettige schwarze Haare, Bleistiftbart, begabter Folterer, kompetenter Kämpfer) angeführt.

Fallen die Wächter den Helden lebend in die Hände – ist ihre Situation aussichtslos, so sind sie zur Aufgabe bereit – und werden verhört, berichten sie gegen die Zusage der Schonung freimütig über die Hintergründe des Überfalls, den Verbleib Said Bonareths und ihre in den Gängen der Mine lauernden Kameraden. Insgesamt handelt es sich neben den beiden Wächtern um sieben weitere Söldner. Dazu kommen noch die Anführerin Daria und ein Magus namens *Malpertius von Elem* (siehe Seite **36**).

Sind deine Helden schon sehr angeschlagen oder in ihren Möglichkeiten eingeschränkt und wollen sich dennoch durch den Hinterhalt schlagen, kannst du die Zahl der lauernden Söldlinge reduzieren. Wichtig ist, dass du deiner Gruppe einen epischen, schwierigen Kampf bietest, den sie auch gewinnen können.

Die Wächter wissen nichts über die Auftraggeber der Verschwörung und auch über das Schwert des Heiligen Laguan ist ihnen nichts bekannt. Die Besitztümer des Granden habe ihre Anführerin an sich genommen.

Sollten die *Rabenkrallen* nicht gewillt sein, zu verhandeln, können sie auch mit Gewalt an die besagten Informationen kommen (Vergleichsprobe zwischen *Einschüchtern (Drohung*, *Verhör*, oder *Folter)* gegen *Willenskraft* der Wächter). Das kostet sie jedoch wertvolle Zeit, weil das Wissen der Schlagetots deren Lebensversicherung ist, die sie nicht so leicht preisgeben werden.

Sind die *Rabenkrallen* fertig mit den beiden Söldnern, können sie die alte Mine betreten. Ein etwa zehn Schritt langer, baufälliger Tunnel, dessen Stützbalken aus modrigem, moosigem Holz mehr schlecht als recht Stabilität vorgaukeln, führt schließlich in eine muffige, niedrige Höhle, an deren Ende ein Schacht senkrecht in die Tiefe führt. Über dem Schacht ist ein stabiler Balken angebracht, an dem ein Seilzug befestigt ist, über den eine für drei Personen tragfähige Holzplattform in die Tiefe hinabgelassen werden kann. Die Konstruktion ist neuwertig, schnell gezimmert und überaus stabil.

Neben dem improvisierten Aufzug befindet sich in einer Ecke der Höhle eine wacklige Hütte aus Holz, getrockneten Blättern und Lianen. Darin befindet sich ein schlichtes Lager aus Blattwerk, einfaches Kochwerkzeug, unter dem Lager ein etwa eigroßer Opal und eine erkaltete Feuerstelle. Der Verschlag ist die schlichte Heimstatt von *Ambolo* (71, Waldmensch, weißes, langes, schütteres Haar, faltig, abgemagert, offenkundige Prellungen am ganzen Körper; Willenskraft 5 (11/12/12), SK 1), einem alten Waldmenschen, der in der Höhle hauste, bevor ihn Marvanas Schergen mit Schlägen und Tritten ausquartierten.

Unerwartete Hilfe

Während die *Rabenkrallen* noch über ihre nächsten Schritte nachsinnen, bemerken sie eine Gestalt im Höhleneingang, die sie beobachtet: Ein alter, in Lumpen gekleideter Waldmensch (Probe auf *Sinnenschärfe (Suchen* oder *Wahrnehmen)* +1), der in der zitternden Rechten ein rostiges Messer hält, das eher symbolischen als tatsächlichen Schutz bietet. Wird er bemerkt, flieht Ambolo zunächst nicht, sondern zeigt sich den Helden. Er hat beobachtet, wie sie gegen die Wächter vorgegangen sind, jene, die ihn aus seinem Heim vertrieben und fast getötet hätten. Nun hofft er, dass die Fremden ihm einen Gefallen erweisen werden, wenn er ihnen einen Weg zeigt, wie sie den Hinterhalt der anderen Eindringlinge in der Höhle umgehen können. Ambolo ist vorsichtig und ängstlich und wird fliehen, falls die Helden sich ihm gegenüber aggressiv verhalten.

Nähern sich die *Rabenkrallen* friedlich, wird er sich unter sichtlichen Schmerzen auf dem Boden niederlassen und berichten, wie die Fremden vor zwei Tagen vor seiner Höhle aufgetaucht seien und ihn ohne große Worte verprügelt und hinausgeworfen hätten. Als einer der Schergen seine Armbrust auf ihn richtete, sei es ihm gelungen, dem Bolzen durch einen Sprung ins Unterholz zu entkommen. Seitdem habe er die Eindringlinge beobachtet und belauscht und zu Kamaluq gebetet, ihm bei seiner Rache an den Tapamlosen zu helfen. Nun habe ihn der göttliche Jaguar vielleicht erhört und die Helden gesandt, sodass alles wieder gut werden kann.

Ambolo hat den Gesprächen der Schergen entnommen, dass möglicherweise andere Fremde kämen, um den gefangenen Granden zu befreien, und bietet den Helden an, sie über einen geheimen Weg vorbei an den lauernden Feinden direkt zu deren „Häuptling" zu führen, wenn die *Rabenkrallen* ihm bei einer sehr persönlichen Mission helfen. Mehr will er erst erklären, wenn die Helden sich dazu bereiterklären, ihn zu unterstützen.

In Borons Diensten

Hören die *Rabenkrallen* den Waldmenschen an, wird er ihnen berichten, dass er und sein Sohn He-Ke-Ta schon seit Jahren in der verlassenen Mine leben, um dort nach den „grünen Steinen" (in diesem Fall: grüne Opale) zu suchen, für die die Menschen in Catco gern wertvolle Dinge eintauschen. Vor zwei Regenzeiten sei sein Sohn bei einem Felssturz ums Leben gekommen und könne seitdem keine Ruhe finden, da seine Gebeine in der Tiefe einer Felsspalte liegen, die der Alte nicht mehr erreichen kann.

Er, Ambolo, kenne einen Tunnel vorbei an den lauernden Feinden direkt zum Lager der Anführerin, wo auch ein mächtiger Zauberer wohne und der Grande gefangen gehalten werde. Er wolle die Helden gerne dorthin führen, wenn diese ihm dabei helfen, dem unglücklichen *Tapam* seines Sohnes zu ewiger Ruhe zu verhelfen. Dazu sollen sie die Knochen He-Ke-Tas aus der Felsspalte bergen und zudem nach seinem Obsidianmesser suchen; ein Familienerbstück, das sich seit ungezählten Generationen im Besitz der Sippe befindet. Zudem bittet Ambolo die *Rabenkrallen* darum, nach der Vollendung ihrer Mission den Mineneingang zum Einsturz zu bringen, auf dass die Ruhe seines Sohnes niemals mehr gestört werde. Ob sich zu diesem Zeitpunkt noch Söldner in der Mine befinden, ist ihm einerlei. Helden mit guter Menschenkenntnis sind sich sicher, dass Ambolo die Wahrheit erzählt und kein falsches Spiel treibt. Mehr als alles andere treibt den alten Waldmenschen der Wunsch an, seinem Sohn ewige Ruhe zu verschaffen (Probe auf *Menschenkenntnis (Motivation erkennen)* +1).

Die Höhle des Löwen

Natürlich müssen sich die Helden nicht auf das Angebot Ambolos einlassen, möglicherweise sind sie überhaupt nicht an einem Gespräch mit dem alten Mann interessiert. Körperlichem Zwang und Drohungen wird Ambolo zwar nachgeben (Vergleichsprobe zwischen *Einschüchtern (Drohung, Verhör* oder *Folter)* +1 und *Willenskraft* Ambolos), die Helden aber in den verzweigten Stollen irreführen und schließlich ins Dunkle zu fliehen versuchen. Wird er von den Helden wieder aufgespürt (Probe auf *Fährtensuchen (humanoide Spuren)* –3), verweigert er die Zusammenarbeit, falls er nicht durch Zauberei dazu gezwungen wird – mit seinem Leben hat Ambolo längst abgeschlossen.

Ohne die Hilfe des greisen Waldmenschen bleibt den Helden nur noch der direkte Weg ins Steinelager – geradewegs durch den Hinterhalt, den Marvanas Mordbande für sie bereithält.

Um aus der Eingangshöhle in die Tiefe der Mine zu gelangen, muss ein Höhenunterschied von 30 Schritt überwunden werden. Entsprechend erfahrene Helden können die Steilwand erklettern (Probe auf *Klettern (Bergsteigen)* –3). Ein Misslingen führt zu einem Sturz aus 2W6 Schritt Höhe (siehe **Regelwerk** Seite **340**). Es ist auch möglich, sich am Seil des improvisierten Aufzugs hinabzulassen oder den Aufzug zu benutzen, der dazu aber erst nach oben gezogen werden muss.

Den *Rabenkrallen* ist klar, dass diese Alternativen nur sehr schwer ohne Geräusche und verräterische Bewegungen des Aufzugs oder des Seils umzusetzen sind (Probe auf *Körperbeherrschung (Balance)* –3). Auch Lichtquellen sind ein Problem, denn diese werden den in der Dunkelheit lauernden Söldnern klar anzeigen, wo genau sich die feindlichen *Rabenkrallen* befinden. Magie kann hier bei der Vertuschung helfen.

Unten angekommen, tut sich vor den Helden ein langer, etwa drei Schritt breiter und zwei Schritt hoher Stollen auf, dessen Stützbalken erodiert und morsch sind. Pfützen dreckigen Wassers bedecken den Boden, von überall her tropft es. Vom Hauptgang gehen in unregelmäßigen Abständen Seitenstollen ab: perfekte Verstecke für die auf die *Rabenkrallen* lauernden Schergen.

Wurden die Helden von den Schlagetots bemerkt, haben diese ihre Lichtquellen gelöscht und die *Rabenkrallen* sind gezwungen, ihren Weg mit Magie, Fackeln oder Laternen zu erhellen, wenn sie sich nicht blind durch die Dunkelheit tasten wollen. Ist es ihnen aber gelungen, unbemerkt in die Tiefe vorzudringen, können sie sich anhand der Lichtquellen der Kopfgeldjäger orientieren und eventuell die ein oder andere Gruppe in einem Seitengang überraschen.

Dringen die Helden weiter in die Tiefe der Mine vor, geraten sie früher oder später in einen Hinterhalt der Verschwörer, die nicht zögern, Schusswaffen, Fallstricke, falsche Licht- und Geräuschsignale und Gifte einzusetzen (Werte siehe Seite **62**).

Dieser Weg soll für die Helden eine echte Herausforderung darstellen und ihnen alles abverlangen – Emilia Bonareth lässt sich bei der Anwerbung von Personal nicht lumpen, wenn es um ihre Rache am verhassten Said geht.

Einigen sich die *Rabenkrallen* mit Ambolo, führt er sie ohne weiteres Zögern über einen Wildpfad durch den Wald, wobei er den Helden alles offenbart, was er über Marvanas Schergen weiß. So berichtet er von mindestens sieben weiteren Fremden in den Stollen, die auf die warten, die kommen werden, um den „Häuptling" Bonareth zu befreien. Dieser sei nämlich gebunden und betäubt in die Tiefen verschleppt worden und wird im alten Steinelager der Mine festgehalten. Ambolo weiß, dass der „Granden-Mann" noch lebt, denn vor einigen Stunden erst habe er in der Höhle gesehen, wie die „Narbenfrau" ihm einen Schluck Wasser verabreicht habe. In der Höhle befinde sich noch ein „Schamane", der mit seltsamen Geräten (eine Retorte, mehrere Mörser, Tonflaschen und eine kupferne Schale) und Pulvern zugange gewesen sei. Was der „Schamane" dort tue, wisse Ambolo natürlich nicht, jedoch können Helden mit Alchimiekenntnissen aus der Beschreibung des Alten deduzieren, dass der Magier offenbar mit der Herstellung einer empfindlichen, alchimistischen Mischung beschäftigt ist (Probe auf *Alchimie* +1). Über das Schwert des Heiligen Laguan weiß Ambolo allerdings nichts.

Der Weg durch den Dschungel dauert nicht lange. Kurze Zeit später erreicht die Gruppe eine kleine, verborgene Lichtung. Mit zahnlosem Lächeln zeigt Ambolo auf einen niedrigen, mit inzwischen morschen, überwachsenen und teilweise verrotteten Balken verbarrikadierten Eingang – ein alter Fluchttunnel, der den Bergleuten einen Ausweg bieten sollte, falls der Hauptstollen einstürzen sollte. Untersuchen die Helden den Einstieg genauer, können sie an der felsigen Wand die von Kletterpflanzen halb überwucherte kem'sche Glyphe für „Gefahr" erkennen, die vor langer Zeit in den Stein geschlagen wurde (Sprache Kemi II, Schrift Kemi-Symbole, siehe **Aventurisches Kompendium** Seite **118/119**). Ambolo kennt die Glyphe, kann aber mit dem „Zauberbild" nichts anfangen.

Für den Waldmenschen sind die Lücken in der Barrikade groß genug, um ohne Probleme hindurch zu schlüpfen; die Helden müssen hier möglicherweise etwas nachhelfen. Die Holzbarrikade ist jedoch einfach zu beseitigen; auch die Gefahr eines Stolleneinsturzes besteht nicht, wenn die Stützbalken intakt bleiben (Probe auf *Holzbearbeitung* –1).

Hinter dem Durchgang liegt ein steil abschüssiger, gerader Gang von zwei Schritt Breite und Höhe. Die Luft ist abgestanden und schwer, kein Luftzug durchzieht den trockenen, von Geröll bedeckten Stollen. Nach etwa 50 Schritt erreichen die *Rabenkrallen* eine annähernd rechteckige Kammer von etwa sieben mal sieben Metern Ausmaß, von der in allen vier Richtungen teils verschüttete Stollen abgehen. Die Kammer war früher einmal ein Gerätelager; verrottete Regale, Truhen und Werkzeugständer säumen die Wände. Zwei zerfallene, schwere Holzwagen mit gebrochenen Rädern stehen im Zentrum des Raumes. Hier gibt es nichts zu bergen, selbst das Holz ist zu morsch, um von irgendeinem Nutzen sein zu können.

Zum Vorlesen oder Nacherzählen:

Wie viel Zeit mag wohl vergangen sein? Ihr könnt es nicht sagen – zu eintönig ist der Weg in die Tiefe, der durch ein Labyrinth aus engen, niedrigen Korridoren führt, vorbei an wenig vertrauenserweckend aussehenden, rissigen Stützbalken, über steinige, stark abschüssige Pfade und durch im Feuer eurer Fackeln knisternde Vorhänge aus Spinnweben. Dünne Rinnsale tropfen überall von den kahlen Felswänden und hinterlassen rutschige Pfützen. Knacken und Rascheln begleiten euren Weg, als die ungezählten Asseln, Käfer und Schaben versuchen, sich dem näherkommenden Lichtschein zu entziehen. Wie lange sollt ihr wohl noch diesem Alten folgen? Ob er doch ein falsches Spiel treibt und euch in eine Falle lockt? Er müsste jetzt nur um die nächste Ecke verschwinden, und ihr würdet vielleicht nie wieder aus diesem Irrgarten zurück ins Licht finden.

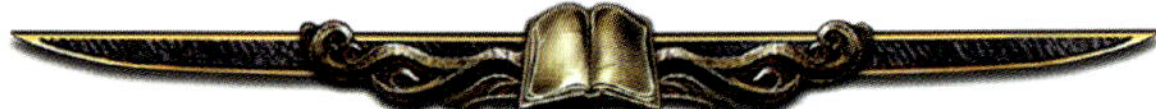

An dieser Stelle kannst du mit diversen Ängsten der Helden spielen (*Angst vor Insekten und Spinnen, Dunkelheit* etc.); die Helden könnten fälschlicherweise an der Aufrichtigkeit des inzwischen sehr schweigsam gewordenen Waldmenschen zu zweifeln beginnen (Probe auf *Menschenkenntnis (Motivation erkennen)* –1).

Endlich aber hören die *Rabenkrallen* ein stetiges Rauschen, das darauf hinweist, dass das Ziel ihres beschwerlichen Weges gleich erreicht sein wird. Schließlich führt Ambolo die Helden in eine natürliche, feuchte Höhle tief unter der Erde, durch die ein Wasserfall aus einer Öffnung in der Decke in einen dunklen Schacht rauscht. Über die Felsspalte führte einmal eine hölzerne Brücke zu einem weiteren Gang, doch von der Konstruktion sind nur noch gesplitterte Balken und gerissene Taue übrig. Neben dem Abgrund liegen weitere Holztrümmer, zudem eine rostige Kette und einige größere Steine, die wohl aus der Decke der Höhle stammen. Ambolo erklärt den Helden, dass die herabstürzenden Felsen die Brücke zerstört und seinen Sohn, der sich zufällig darauf befand, in die Tiefe gerissen hätten. Hier nun, in etwa fünfzig Schritt Tiefe, lägen seine Knochen. Leuchten die Helden den Schacht aus, was durch die Gischt des Wasserfalls nicht einfach ist, erkennen sie tatsächlich einen schmalen Felsvorsprung auf dem im Licht der Fackel die bleichen Knochen He-Ke-Tas schimmern. Noch einmal zwanzig Schritt tiefer sammelt sich das Wasser in einem kleinen Becken, aus dem schweflige Dünste aufsteigen.

Ohne Hilfsmittel ist der Abstieg zum Felsvorsprung schwierig und nicht ungefährlich. Die Gischt des Wasserfalls trübt die Sicht, das laute Rauschen des in die Tiefe stürzenden Wassers macht eine Kommunikation aus dem Schacht heraus schwierig und je weiter es hinabgeht, desto mehr beeinträchtigt der Gestank nach Schwefel und faulen Eiern die Sinne. Magie, Atemschutz, Haken und Seile können hier von großem Nutzen sein und den Abstieg deutlich erleichtern (Probe auf *Klettern (Bergsteigen)* –4, Hilfsmittel, etwa Kletterhaken und Seile, können die Probe erleichtern (bis zu einer Erschwernis von –2); wegen des Gestanks Probe auf *Selbstbeherrschung (Handlungsfähigkeit bewahren)* –3, bei Misslingen 2 Stufen *Betäubung*, bei Patzer Status *Bewusstlos* für 1 Stunde; alle angefangenen 5 Minuten 1W6 SP, Hilfsmittel, etwa ein parfümiertes Tuch, erleichtern die Probe um +1). Stürzt ein Held ab und fällt in das Becken am Ende des Schachts, erleidet er neben dem Sturzschaden (3W6 Schritt) auch noch Schaden durch die ungesunde Luft (siehe oben) und das heiße Wasser am Grund des Schachts (2W6 SP).

Einmal auf dem Felsvorsprung angelangt, kann der Held, der den Abstieg gewagt hat, die Knochen He-Ke-Tas einsammeln, wobei wegen des luftraubenden Odems Eile angesagt ist (Probe auf *Körperbeherrschung*; man benötigt QS/2 x 5 Minuten und erleidet den oben angegebenen Schaden durch den Schwefelgestank). Der ebenfalls gesuchte Obsidiandolch ist auf dem Felsvorsprung nicht zu finden; er muss zweifellos weiter in die Tiefe gefallen sein. Das Wasserbecken am Grund der Felsspalte ist etwa eineinhalb Schritt tief und mit schwefligem, heißem Wasser angefüllt. Auch ohne Licht lässt sich der Dolch durch Tasten am Untergrund finden.

Da den Helden möglicherweise ein Kampf gegen eine Überzahl an Söldnern bevorsteht, kannst du den Schaden durch die schlechte Luft und das heiße Wasser deutlich verringern. Treffen die Helden zudem sinnvolle Schutzmaßnahmen, so kann der Schaden auch ganz entfallen.

Haben die Helden Dolch und Knochen erbeutet, bedankt sich Ambolo tränen- und wortreich und platziert die Knochen seines Sohnes vorsichtig am Rand des Abgrunds. Der Waldmensch bittet die *Rabenkrallen* dabei, ihm „schöne Steine" zu bringen, mit denen er die Überreste He-Ke-Tas bedecken kann.

Nach He-Ke-Tas Bestattung wird Ambolo sein Versprechen einlösen. Durch einen hinter dem Wasserfall verborgenen Durchgang führt ein gebogener, langer Gang etwa dreißig Minuten lang mäßig steil weiter in die Tiefe, ehe die Helden einen schwachen Lichtschein bemerken und Stimmengemurmel hören (Probe auf *Sinnenschärfe (Wahrnehmen)*). An dieser Stelle wird sich Ambolo von den Helden verabschieden. Er wird sie noch an den letzten Teil der Abmachung erinnern – die Versiegelung der Mine –, die Hand zum Gruß auf die Brust legen und das Bergwerk für immer verlassen.

Am Ziel

Bewegen sich die Helden weiter auf das Licht zu, kommen sie nach etwa 15 Schritt an eine Stelle, an welcher der Stollen eingestürzt ist und nur einen schmalen, kaum einen Schritt breiten Durchgang durch

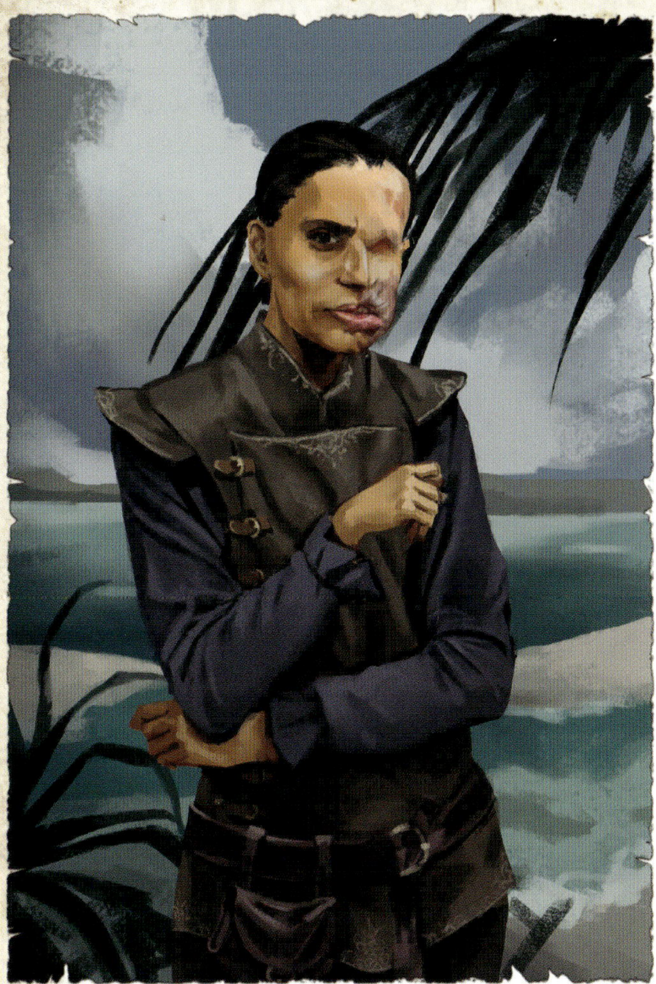

gesplitterte Stützbalken und grobes Geröll freilässt. Dabei sollten die *Rabenkrallen* Geräusche möglichst vermeiden, um nicht auf sich aufmerksam zu machen. Daria und der Magier Malpertius sind vollkommen in ihr Gespräch vertieft und rechnen auch nicht mit Feindannäherung aus einem verschütteten Gang, sodass sie nur bei sehr lauten Geräuschen Verdacht schöpfen und Verstärkung herbeirufen (Vergleichsprobe zwischen *Verbergen (Schleichen)* +2 und *Sinnesschärfe* –1 der Wächter).

Durch den Durchgang können sich die Helden einen Überblick über die Situation verschaffen: Das Steinlager ist ein etwa acht mal acht Schritt durchmessender Raum, von dessen Nordseite aus der breite Hauptgang abgeht. Auf der Westseite führen drei weitere Stollen weg, die jedoch alle verschüttet und notdürftig verbarrikadiert sind. Der Durchgang in die jüngeren Bereiche des Bergwerks, aus denen sich die Helden nähern, liegt an der Südwand und wurde ebenso mit einigen inzwischen morschen Holzbrettern verschlossen.

Im Steinlager selbst haben die Verschwörer zwischen teils mannshohen Steinhaufen, zerbrochenen Fässern, alten, unbrauchbaren Werkzeugen und diversen Holzstapeln ein Lager mit acht Bettstätten errichtet. In der Mitte der Höhle brennt ein kleines Feuer, dessen Rauch durch Öffnungen an der Oberseite der Kaverne abzieht. Neben dem Feuer wurde eine gläserne Retorte aufgebaut, unter der einige große Kohlen langsam ausglühen.

In der Höhle machen die *Rabenkrallen* nur drei Personen aus: Einen jungen Magus namens ♝ *Malpertius* (21, blonde, lockige Haare, etwas füllig, schütterer Kinnbart, eitel; kompetenter Kampfmagier, meisterlicher Alchimist), der gerade dabei ist, sich fluchend die seidengraue Robe vom Leib zu reißen, die Anführerin der Schergen, Daria, die sich laut lachend über den Zauberer lustig macht (falls Daria bereits in Borons Hallen wandelt, ihr Nachfolger), und, an der Ostwand, inmitten von Müll und Trümmern, den gefesselten und geknebelten ♝ *Said Bonareth* (siehe Seite **14**), dessen halb geöffnete Augen blicklos zur Decke starren.

Das Schwert und der Grande

Zum Vorlesen oder Nacherzählen:

Endlich seid ihr am Ziel! Wo Said ist, wo Daria ist, da kann auch die Reliquie nicht weit sein! Wortlos verständigt ihr euch und greift vorsichtig zu den Waffen. Einen Moment noch wollt ihr warten, um zu hören, was für eine schurkische Orkerei an diesem götterverlassenen Ort geplant ist.

„Malpertius, du bist ein Idiot!", lacht die brutale Anführerin der Kopfgeldjäger. „Wenn das Zeug so gefährlich wäre, dann wärst du doch jetzt schon tot!"

„Götter! Du hast ja keine Ahnung!", erwidert der Zauberer gereizt, während er sich hektisch seiner Robe entledigt. „Das Gift wirkt auch bei Hautkontakt, wenn auch nicht so stark! Was denkst du, warum ich es nur mit Handschuhen destilliere! Und nun ist mir etwas auf die Robe gekommen. Verdammt! Die kann ich wegschmeißen."

Einmal mehr lässt Daria ihr unangenehmes Lachen erschallen, wirft ein Tonfläschchen in die Höhe und fängt es lässig wieder auf, während der nun nur noch Unterkleidung tragende Zauberer mit angstgeweiteten Augen hinter einen Felshaufen springt.

„Ach, Händewedler", dröhnt die Kopfgeldjägerin, „wen der Götterfürst ruft, den ruft der Götterfürst, da kannst du nichts machen, du elende Memme!"

„Lass den Blödsinn! Das ist das ‚Blut des Landes!'", ertönt Malpertius' Stimme schrill aus seinem Versteck. „Damit haben diese irren Kemi ihre eigenen Könige und Königinnen umgebracht! Es ist wirklich gefährlich! Ich schlage vor, du gibst es ihm endlich, dann können wir sehen, ob die Rezeptur stimmt!"

Die Söldnerin seufzt vernehmlich. „Na schön. Du hast aber auch gar keinen Sinn für Humor, Magus. Nette Unterhosen, übrigens ...", lacht sie dreckig.

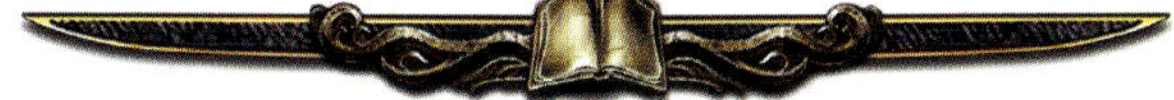

Es ist möglich, durch vorsichtiges und geschicktes Vorgehen die Einsturzstelle im Tunnel und die Barrikaden ohne große Geräuschentwicklung zu passieren (Probe auf *Verbergen (Schleichen)*). Im Steinelager selbst bieten Geröllhaufen, Holztrümmer und das schummrige Licht genug Möglichkeiten, sich unbemerkt an Malpertius und Daria anzuschleichen (Vergleichsprobe zwischen *Verbergen (Schleichen)* –2 und *Sinnesschärfe* der Schurken) und diese unbemerkt auszuschalten. Gelingt es nicht oder setzen die Helden zum Sturmangriff an, wird Daria lautstark nach Unterstützung rufen und die Helden in einen Kampf verwickeln. Die *Rabenkrallen* müssen in diesem Falle nach 2W3+2 KR mit 1W6 weiteren Schergen und nach weiteren 2W3+2 Kampfrunden mit dem Rest von Marvanas Mordbande rechnen. Daria verzichtet im Kampf auf keinen noch so schmutzigen Trick und wird auch nicht zögern, das Blut des Landes als Wurfgeschoß gegen die Helden einzusetzen. Sieht es für sie schlecht aus (LeP unter 25 %), wird sie sich im Schutz ihrer Untergebenen aus dem Kampf zurückziehen und durch den Ausgang der Mine fliehen, wobei sie noch versuchen wird, Said zu töten, um bei ihrer Auftraggeberin nicht als komplette Versagerin dazustehen. Hat sie keine Möglichkeit zur Flucht, kämpft sie bis zum Tod. Malpertius und die anderen ergeben sich oder versuchen zu fliehen, sobald ihre Lebensenergie auf ein Viertel gesunken ist.

Kampfwerte für die übrigen Kopfgeldjäger findest du im Anhang auf Seite **62**.

Malpertius
MU 14 **KL** 15 **IN** 14 **CH** 13
FF 11 **GE** 10 **KO** 12 **KK** 12
LeP 32 **AsP** 42 **KaP** – **INI** 12+1W6
AW 5 **SK** 3 **ZK** 1 **GS** 8
Waffenlos: AT 12 **PA** 6 **TP** 1W6 **RW** kurz
Schwerer Dolch: AT 12 **PA** 5 **TP** 1W6+2 **RW** kurz
Magierstab, lang: AT 13 **PA** 9 **TP** 1W6+2 **RW** lang
Flammenschwert: AT 11 **PA** 6 **TP** 1W6+7 **RW** mittel
RS/BE: 0/0
Vorteile/Nachteile: Zauberer / Schlechte Eigenschaft (Goldgier)
Sonderfertigkeiten: Bindung des Stabes, Flammenschwert, Muttersprache Garethi III, Tradition (Gildenmagier)
Talente: Alchimie 12, Einschüchtern 7, Gassenwissen 10, Handel 10, Körperbeherrschung 4, Kraftakt 3, Magiekunde 12, Menschenkenntnis 12, Selbstbeherrschung 11, Sinnesschärfe 12, Überreden 9, Verbergen 10, Willenskraft 12
Zauber: Feuerfinger; Armatrutz 11, Fortifex[AMA129] 12, Gardianum 11, Ignifaxius 14, Ignisphaero[AMA132] 10, Paralysis 12
Kampfverhalten: Der Magier versucht aus der Distanz mit Feuerzaubern oder seinem Flammenschwert anzugreifen und sich mit einem ARMATRUTZ zu schützen. Gegen erkennbare Zauberer wird er einen GARDIANIUM wirken.
Flucht: Verlust von 75 % der LeP
Schmerz +1 bei: 24 LeP, 16 LeP, 8 LeP, 5 LeP oder weniger
Ausrüstung: Zaubertrank (QS 4)

Du kannst den Kampf für deine Helden auch einfacher gestalten, sollten diese ansonsten wenig Chancen haben, mit der Übermacht fertig zu werden. Es ist möglich, dass der ein oder andere Kopfgeldjäger in seinem Seitenstollen den Alarmruf und das Kampfgetümmel nicht hört und seinen bedrängten Kameraden nicht oder erst viel später beistehen kann. Denkbar ist auch, dass die Helden Said vor dem Kampf befreien und dieser inzwischen so weit vom Einfluss des Schlafgiftes frei ist, dass er im Kampf auf Seiten der Helden eingreifen kann.

Haben die *Rabenkrallen* ihre Widersacher überwunden, können sie Said Bonareth befreien. Der Grande ist am Leben, aber durch den Überfall und einen möglichen Mordversuch Darias mehr oder weniger schwer verwundet. Heilkundige Helden können ihn aber soweit wiederherstellen, dass er die Helden bei einer Flucht aus der Mine nicht allzu sehr aufhält (Probe auf *Heilkunde Wunden*).

Auch das Schwert des heiligen Laguan können die *Rabenkrallen* sicherstellen. Ohne um seine Besonderheit zu wissen, haben die Kopfgeldjäger die alte Waffe achtlos auf einen Trümmerhaufen geworfen, als sie Saids Habe plünderten.

Haben die Helden Schwert und Said von den in den Stollen lauernden Schlagetots unbemerkt geborgen, können sie ohne Hast auf dem Weg fliehen, auf dem sie gekommen sind. Brechen sie einen möglichen Kampf ab und fliehen mit oder ohne Beute durch die Fluchttunnel, werden die verbleibenden Kopfgeldjäger sie verfolgen. In dieser Situation können die Helden versuchen, ihre

Said Bonareth
MU 15 **KL** 12 **IN** 15 **CH** 14
FF 13 **GE** 15 **KO** 12 **KK** 12
LeP 32 **AsP** – **KaP** – **INI** 17+1W6
AW 8 **SK** 2 **ZK** 1 **GS** 8
Waffenlos: AT 18 **PA** 10 **TP** 1W6+1 **RW** kurz
Dolch*: AT 18 **PA** 10 **TP** 1W6+2 **RW** kurz
RS/BE: 0/0
Vorteile/Nachteile: Verbesserte Regeneration (Lebensenergie) I
Sonderfertigkeiten: Aufmerksamkeit, Blitzreflexe[AKOII141], Finte I+II (Waffenlos, Dolch), Hand Borons-Stil[AKOII133], Kampfreflexe I+II, Klingenfänger, Kreuzblock, Muttersprache Garethi III, Tulamidya III, Präziser Stich I (Dolch), Schnellziehen, Todesstoß, Versteckte Klinge[AKOII148], Wirbelangriff I[AKOII131]
Talente: Einschüchtern 10, Gassenwissen 12, Handel 9, Körperbeherrschung 15, Kraftakt 11, Menschenkenntnis 6, Selbstbeherrschung 9, Sinnesschärfe 12, Überreden 9, Verbergen 12, Willenskraft 11
Flucht: Said flieht nicht.
Schmerz +1 bei: 27 LeP, 18 LeP, 9 LeP, 5 LeP oder weniger
Ausrüstung: keine
*) Exemplarisch, falls er eine Waffe, etwa einen Dolch, bekommt.

Im Namen des Horas

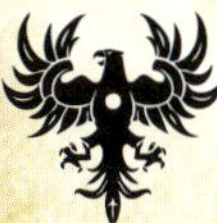

Für horasische Helden bietet sich hier nicht nur die Gelegenheit, sich die Dankbarkeit eines al'anfanischen Granden zu sichern, sondern sich auch einer der heiligsten Reliquien Kemis zu bemächtigen. Für ihre Zwecke sollte es bereits ausreichen, dass das Schwert nicht in Rhôndas Hände fällt, doch noch besser wäre es, die horasischen *Rabenkrallen* könnten die Reliquie den Loyalisten zuspielen und damit deren Moral und Standfestigkeit auch für die Zeit nach der unvermeidlichen Niederlage drastisch heben. Dazu müssen sie aber darauf achten, dass Said dies nicht bemerkt, was dadurch erleichtert wird, dass der Grande bei seiner Befreiung immer noch unter dem Einfluss von Schlafgift steht und die Geschehnisse um sich herum nur vage wahrnimmt. Mit etwas Geschick können die Helden dem Granden später weismachen, dass sie das Schwert nicht finden konnten (*Überreden (Manipulieren)* –2).

Verfolger durch Umwege über Nebenstollen oder gezielte Stolleneinstürze abzuschütteln (Proben auf *Orientierung (unter Tage)* –2 oder *Kraftakt (Eintreten & Zertrümmern)* –2). Haben die *Rabenkrallen* die Kopfgeldjäger im Kampf besiegt, führt der einfachste Weg aus der Mine hinaus durch den Hauptgang und über den Aufzug.

Haben die Helden Gefangene gemacht, werden sie enttäuscht feststellen, dass diese keine weiteren Angaben zu den Hintergründen der Verschwörung machen können (Probe auf *Menschenkenntnis (Motivation erkennen)* –1). Abgesehen von Daria, die entkommen oder zumindest nicht lebend in die Hand der Helden fallen sollte, weiß keiner der Söldner und auch nicht der Magus Malpertius mehr zu berichten als die Höhe der ansehnlichen Summe, für die Daria sie angeheuert hat: Jedem Söldner wurden 100 Dublonen versprochen; der Magus sollte sogar 300 Dublonen erhalten. Wer der Gefangene ist, der als Versuchskaninchen für ein sehr potentes, einheimisches Gift dienen sollte, hat weder den Zauberer noch die Söldner interessiert. Malpertius wird gegen die Zusage von Straffreiheit kooperativ sein, wenn ihn die Helden nach dem Gift, seiner Wirkung und Herstellung fragen. Ansonsten wird der Magier jede Gelegenheit zur Flucht zu nutzen versuchen.

Das Blut des Landes• ○

Das Gift, das die Verschwörer zuerst gegen Said Bonareth und später gegen Oderin du Metuant einsetzen wollen, ist eine braune, brennbare Essenz, die in der Geschichte Kemis schon das ein oder andere gekrönte Haupt vorzeitig vom Thron abberufen hat. Es hat einen schwachen Eigengeruch, der an Knoblauch erinnert, und schmeckt auch wie das in Kemi häufig verwendete Gewürz. Es ist in Wasser und Öl löslich. In der Nahrung oder über die Haut aufgenommen, führt es binnen weniger Minuten zum Tod. Symptome sind heftiges Erbrechen, Eintrübungen der Sicht, Muskelzuckungen und extreme Atemnot.

Stufe: QS
Art: Kontaktgift, alchimistisch
Widerstand: Zähigkeit
Wirkung: 1W3+1 SP pro KR / 2 SP pro KR
Beginn: 5 Minuten
Dauer: 20 KR
Kosten: je nach QS

Typische Ingredienzien: Braunöl, Mumienstaub, Narvuk (kem'scher Reisschnaps), Rabenfedern, Salzsäure, Schwefel, Tautropfen vom Morgen des 1. Boron, weißer Lotos, weißer Phosphor
Kosten der Ingredienzienstufe: 120 Silbertaler pro Stufe
Labor: alchimistisches Labor
Brauschwierigkeit: –4
Voraussetzungen (Brauvorgang): keine
AP-Wert (Berufsgeheimnis): 8 AP
Qualitätsstufen: Die Giftstufe entspricht der QS.

»In einer kupfernen Schale bedecke die Rabenfeder gründlich mit dem Mumienstaub, sodass ihre Farbe zu einem einheitlichen Grau geworden ist. Warte bis zur mitternächtlichen Stunde und füge sodann erst das Braunöl, dann die Salzsäure hinzu. Rühre 33 mal erst links-, dann rechtsherum, bis das Gemisch übelriechende Dämpfe abzusondern beginnt. Sodann füge den Schwefel in kleinen Portionen hinzu und erhitze die Schale dreimal scharf, aber niemals bis zur Glut derselben. Sodann addiere zur warmen Mischung den Narvuk, wobei du der Herrin Hesinde dreimal laut zu danken hast. Rühre kräftig und fache das Feuer erneut an. Entzünde mit einem Kienspan nun den Phosphor, aber achte darauf, dass das Feuer von demselben ist, welches deine Schale erhitzet. Den brennenden Phosphor werfe nun in das siedende Gemisch, das nunmehr muntere Flämmlein züngeln lässt. Doch vergiss nicht, dass du nicht mehr mischen darfst, wenn die Nacht bereits gewichen ist. Sobald die Sonn' dich erspähet, ist alle Müh vergebens!
Bedecke nun die Schal sehr gründlich, halte das Feuer klein und den Sud bei mäßiger Hitze bis zur dritten Stund, sodann gieße ihn in eine Retorte aus reinem Glas und destilliere. Dem fertigen, braunen Öl füge nun unter einem innigen Gebet zum Herrn Boron die Tautropfen hinzu und schwenke sanft. Das Blut des Landes hast du nun gemacht, und von öliger, brauner Beschaffenheit soll es sein. Achte darauf, es nicht zu berühren, denn nicht nur durch Speis und Trank, sondern durch bloße Berührung allein bringt es den Tod.«
—Nareb Ni Ujak, Geheime Tränke und Tinkturen, welchselbige den Tyrannen den Tod zu bringen vermögen, Terkum ca. 1900 v.BF

• Das Blut des Landes ist außerhalb Kemis so gut wie unbekannt. Im Kemi-Reich wird die Herstellung und Verwendung des Giftes mit dem Tod durch lebendiges Begraben bestraft. Der bloße Besitz führt zu einem Tod am Strick.

Daria (oder ihr Nachfolger) soll im weiteren Verlauf der Kampagne erneut als Gegenspielerin der Helden in Erscheinung treten, daher wäre es ideal, wenn die Helden sie nur scheinbar sterben sehen. Denkbar wäre beispielsweise, dass die zähe Kopfgeldjägerin schwer verletzt in einen tiefen Schacht stürzt, durch herabfallende Felsen begraben oder von einem Erdrutsch eingeschlossen wird. Die Helden sollten den Eindruck haben, dass sie tot ist, sich aber nicht hundertprozentig sicher sein. Sollten die Helden aber auf Nummer sicher gehen wollen und ihre Feindin unwiederbringlich töten (z. B. durch Enthauptung), ist dies natürlich möglich. Ihre Rolle wird in diesem Fall in der weiteren Kampagne von einer anderen Figur übernommen.

Sollten die Helden Ambolo getroffen und seine Hilfe angenommen haben, müssen sie nach ihrem Sieg über die Verschwörer nur noch das letzte Versprechen einlösen, das sie dem alten Waldmenschen gegeben haben. Der Einsturz des Mineneingangs ist einfach zu bewerkstelligen: Dazu müssen nur die bereits morschen hölzernen Stützbalken am Eingang zerstört werden (Probe auf *Kraftakt (Eintreten & Zertrümmern)* –1). Dies löst einen Erd- und Steinrutsch aus, der den Höhleneingang verschüttet und die Personen, die sich noch in der Mine befinden, zu einem langsamen Tod verdammt.

Zurück nach Mehat

Al'anfanische Helden können nun siegreich mit dem befreiten Granden und der Reliquie ins Hauptlager nach Mehat zurückkehren.

Sind deine Helden noch kampffähig und einige Kopfgeldjäger entkommen, kannst du auf dem Rückweg ins al'anfanische Feldlager noch einen Angriff der Feinde inszenieren, wobei diese versuchen werden, die Helden in einen Hinterhalt zu locken. Ihr Hauptziel ist der Tod oder die Gefangennahme Said Bonareths. Ist Daria entkommen, so wird sie dabei eine Führungsrolle übernehmen – ihre Reputation bei Emilia Bonareth wird erheblich leiden, wenn sie bei diesem Auftrag versagt, und Emilia Bonareth ist nicht für ihre Zurückhaltung und Geduld berühmt.

Natürlich kannst du auch wieder auf Zufallsbegegnungen zurückgreifen, um den Rückweg ereignisreicher zu gestalten (siehe Seite **40**).

Im Lager angekommen, werden die Helden und Said Bonareth sofort zu Oderin du Metuant und Prinzessin Rhônda gebracht, um Bericht zu erstatten; die Versorgung von nicht lebensbedrohlichen Wunden, Ruhe, Speis und Trank müssen warten.

Zum Vorlesen oder Nacherzählen:

Erschöpft und von der ein oder anderen Wunde geplagt, führt euch der griesgrämige, weißhaarige Soldat, der euch bei eurer Ankunft unfreundlich und misstrauisch in Empfang genommen hat, den Kamm des unübersichtlichen Hügels entlang, an dessen südlichem Ende der Schwarze General, seine rechte Hand Alena Karinor und die Kemi-Prinzessin die Verteidigungsstellungen inspizieren. Noch immer wird fieberhaft gesägt, gehämmert und geschanzt. Fast beiläufig nimmt Oderin euch zur Kenntnis, und eure Enttäuschung über den kühlen Empfang wird durch die schweigsame Kenntnisnahme eurer Erlebnisse und Said Bonareths lobende Worte nicht unbedingt gemildert. Prinzessin Rhônda jedoch seht ihr zum ersten Male ihre kühle, abweisende Distanz ablegen, als sie mit einem Lächeln das alte Schwert entgegennimmt. Fast schon zärtlich betrachtet die Kemi das angelaufene Metall, ehe sie es in den Nachthimmel reckt und laut kundtut: „Boron ist mit uns! Gesegnet seid ihr, die ihr Sein Werk verrichtet, gesegnet seid ihr alle, die Seinem Ruf folgen!"

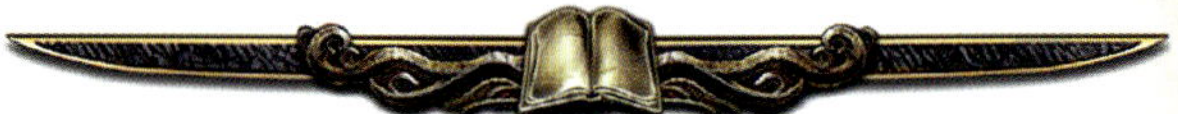

Nach dem Bericht können die Helden zu ihrem Zelt zurückkehren, wo bald darauf Odilo Kugres-Estrazar in Begleitung der Heiler Alfredo García Alvarez und Shepset're erscheint. Während sich die Feldscher um die Blessuren der Helden kümmern, lässt sich der verlogene Geweihte nochmals ausführlich Bericht erstatten. Dabei heuchelt er meisterlich Begeisterung und Stolz, beschließt jedoch insgeheim, dass es nicht schaden könne, wenn die *Rabenkrallen* im kommenden Gefecht umkommen würden – selbst wenn dies durch „verirrte" Hiebe oder Geschosse aus den eigenen Reihen geschehen sollte. Odilo macht den Helden klar, dass sie nicht viel Zeit haben werden, um die Früchte des Sieges zu genießen. Einige Überläufer haben bestätigt, dass Chanya al'Plâne fest zu einem Angriff entschlossen ist, und noch immer gibt es keine Nachricht von der so dringend erwarteten Verstärkung aus dem Süden.

Im Dienste des Horas

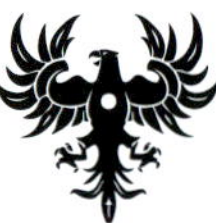

Horasische Helden können, wenn sie das Schwert des Heiligen Laguan in der Mine nicht unauffällig entsorgt haben, versuchen, die Reliquie den Loyalisten in die Hände zu spielen. Die größte Schwierigkeit ist dabei, den Besitz des Schwertes vor dem befreiten Said Bonareth zu verheimlichen (Vergleichsprobe zwischen *Verbergen (Gegenstände verbergen)* –2 und *Sinnesschärfe* von Said). Wollen die *Rabenkrallen* ihre Mission noch vor der Berichterstattung bei Oderin durchziehen, bedarf es einer stichhaltigen Begründung, warum sie sich noch vor dem Erreichen des Feldlagers von Said trennen. Das ist nicht einfach, denn der Grande ist nicht dumm und misstrauisch (Vergleichsprobe zwischen *Überreden (Manipulieren)* –2 und *Menschenkenntnis* von Said). Nicht viel einfacher ist es, das Schwert vor dem Rapport irgendwo zu verstecken und später aus dem Lager zu schleichen, denn die Feldwachen sind aufgrund des bevorstehenden Kampfes und der nahen Feinde sehr aufmerksam und wenig zimperlich bei Personen, die sich ins und aus dem Lager schleichen wollen (Vergleichsprobe zwischen *Verbergen (Schleichen* oder *sich Verstecken)* –1 und

Sinnesschärfe der Wachen). Sollten die Helden den einen oder anderen Wächter töten müssen, fällt es nicht schwer, diese Tat so aussehen zu lassen, dass sie einem feindlichen Kundschafter oder Plänkler in die Schuhe geschoben werden kann.

Das Feldlager der Loyalisten liegt etwa 400 Schritt westlich von Mehat auf einer gut bewachten Lichtung im Dschungel. Am ungefährlichsten ist es für die *Rabenkrallen*, sich den Vorposten offen zu nähern. Die Loyalisten sind sehr an al'anfanischen Überläufern interessiert und werden die Helden nicht sofort töten, sondern lediglich entwaffnen und fesseln, denn selbst, wenn sie Spione sein sollten, versprechen sie doch wertvolle Erkenntnisse über die Aufstellung und Stärke der feindlichen Streitmacht. Verdächtige Subjekte kann man nach einem ausführlichen Verhör immer noch aufknüpfen.

Die loyalistischen Soldaten führen die Helden geradewegs vor das Feldherrinnenzelt, vor dem sich Chanya lautstark mit ihren Generalinnen ♜ *Quenadya Mes'kha-rê* (Mitte 50, dunkelblondes Haar, kupferfarbene Haut, aufrechte Haltung, kühl, rationale und logische Denkerin, meisterliche Logistikerin; Etikette 13 (15/13/11), Kriegskunst 16 (13/15/13), Menschenkenntnis 10 (15/13/11), Rechnen 16 (15/15/13), Selbstbeherrschung 15 (13/13/12), Sinnesschärfe 9 (15/13/13), Überreden 7 (13/13/11), Willenskraft 10 (13/13/11), SK 2) und ♜ *Jesabella Bajan* (Mitte 50, hager, schwarze Haare, Augenklappe über dem rechten Auge, düster und pessimistisch, meisterliche Heerführerin; Kriegskunst 15 (14/12/12), Menschenkenntnis 10 (12/12/12), Selbstbeherrschung 12 (14/14/14), Sinnesschärfe 7 (12/12/12), Überreden 8 (14/12/12), Willenskraft 8 (14/12/12), SK 1) streitet. Chanya besteht auf dem alles entscheidenden Großangriff zum nächstbesten Zeitpunkt, während Jesabella und Quenadya sich temperamentvoll dagegen aussprechen und einen Zug nach Yleha vorschlagen, der die Al'Anfaner von ihrer Basis abschneiden soll. Nähern sich die Helden, bricht Chanya das Gespräch mit einer Handbewegung ab: „Ich habe sie [Rhônda] hier, und hier will ich sie töten. Sollen die Götter entscheiden. Es ist alles gesagt."

Kennen die Helden Chanya bereits aus einer früheren Begegnung im Krieg und können sich beispielsweise mit der halbierten Suvar-Münze ausweisen, werden sie selbstverständlich von ihren Fesseln befreit und erhalten ihre Waffen und Ausrüstung zurück. Die Reliquie nimmt Chanya fast beiläufig entgegen und ordnet an, diese in Sicherheit zu bringen. Danach befragt sie die Helden eingehend nach der Stärke, der Aufstellung und der Moral der al'anfanischen Truppen. Anschließend werden *Rabenkrallen* mitsamt Waffen und Ausrüstung wieder zu „ihrem" Heer zurückgeschickt.

Dieses verdammte Schwert ...

Haben die Helden bei der Bergung des Schwertes versagt (Said wird sich mit oder ohne Hilfe der Helden seiner missliche Lage entziehen, denn er wird den Rabenkrieg überleben) oder es den Loyalisten zugespielt, spielt dies für den Ausgang der kommenden Schlacht keine Rolle, aber natürlich wird die Reputation der Helden bei Oderin und Rhônda leiden.

Zum Vorlesen oder Nacherzählen:

Euch ist nicht wohl in eurer Haut, als ihr vor dem Schwarzen General und der Kemi-Prinzessin berichten müsst, dass ihr die heilige Reliquie nicht bergen konntet. Auch die Tatsache, dass Said Bonareth mehr oder weniger wohlauf ist, macht die Situation nicht angenehmer. Nachdem eure Worte schließlich verhallt sind, herrscht einige Herzschläge lang drückendes, unangenehmes Schweigen, das endlich durch Oderins kalte, schneidende Stimme durchbrochen wird: „Ihr habt versagt, und das enttäuscht mich. Ich hatte der Prinzessin meine besten Leute versprochen. Nun, ich habe mich wohl geirrt. Ihr werdet Morgen in der vordersten Linie eingesetzt und ich erwarte, dass ihr mich beeindruckt."

Noch ehe ihr zu einer Antwort ansetzen könnt, schüttelt Rhônda leicht den Kopf, bedenkt euch mit einem kühlen Blick und sagt leise: „Nun, wollen wir hoffen, dass euer Versagen kein Zeichen des Herrn ist."

„Was soll's", wirft Alena Karinor ungeduldig ein und streckt die Hand zu einem von Rhôndas Laguaner-Leibwächtern aus. „Gib mir dein Schwert!"

Mit einem grimmigen Lächeln nimmt sie das Sichelschwert entgegen und reicht es Rhônda. „Hier habt Ihr ein Schwert. Es wird Morgen ohnehin niemand Zeit haben, herauszufinden, was Ihr da in die Höhe reckt."

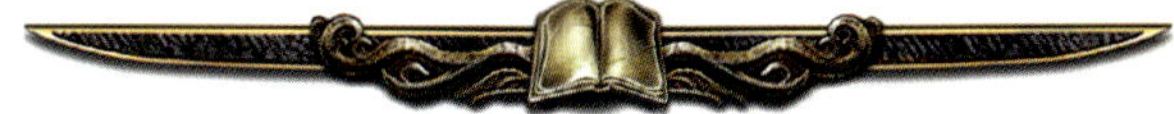

Anschließend werden die Helden entlassen und können sich in ihrem Zelt für die kommenden Aufgaben wappnen.

Blockade am Gereh-Pass

Die Militärstraße, die den Osten Kemis von Nord nach Süd durchläuft, führt ungefähr auf halber Strecke durch eine schwer passierbare Stelle, welche die Kemi den Gereh-Pass nennen. Es handelt sich dabei nicht um einen Gebirgspass, sondern um eine Engstelle, die der einzige, für größere Truppenformationen passierbare Weg durch das sehr dicht bewachsene, unwegsame Gelände zwischen dem Süden Ylehas und der Südküste des Kemireiches ist. Das Gebiet ist durchzogen von schroffen Hügeln, tückischen Sümpfen und urtümlicher Vegetation. Abseits der Heerstraße wachen kriegerische Tschopukikuha-Stämme eifersüchtig über ihre Territorien und gehen wenig zimperlich mit Fremden um, die vom Weg abkommen. Auf halbem Weg wird der Pfad vom wehrhaften Fort Gereh ibn Dalash versperrt, das sich noch in der Hand der Loyalisten befindet und den Weg der von Süden her kommenden Verstärkungen Prinzessin Rhôndas blockiert. Die Rebellen, die beim Einfall Rhôndas und ihrer al'anfanischen Verbündeten einen Aufstand im Kernland Kemis angezettelt haben, wurden von loyalistischen Kräften aus Khefu, Setepen und Peri nach Osten getrieben und sind nun bestrebt, Anschluss an das al'anfanische Hauptheer zu finden – dazu muss jedoch zunächst Fort Gereh ausgeschaltet werden.

Die Gereh-Mission kann weggelassen werden oder auch andere Missionen dieses Bandes ersetzen, wenn du beispielsweise eine Gruppe hast, für die die Suche nach dem Schwert des Heiligen Laguan oder der ausgedehnte Kampf um Mehat nicht so interessant ist. Natürlich kann diese Mission den *Rabenkrallen* auch zusätzlich zu den anderen Aufträgen übertragen werden – in diesem Fall muss aber der zeitliche Ablauf des Abenteuers etwas angepasst werden. Empfehlenswert wäre es, wenn die Helden direkt nach dem Auffinden des Schwerts und der Rettung Said Bonareths nach Gereh geschickt werden, um rechtzeitig zur Schlacht die entscheidenden Reserven heranzuführen. In dem Fall wird der Großangriff Chanya Al'Plânes erst am übernächsten Tag erfolgen, weil starke Regenfälle das Gelände vor Mehat so stark überschwemmen, dass an eine Schlacht an diesem Tag nicht mehr zu denken ist. So haben die Helden genug Zeit, die Gereh-Mission auszuführen und können zudem noch in den epischen Kampf um Mehat eingreifen – vielleicht sogar wie die sprichwörtliche Kavallerie, die genau dann auf dem Schlachtfeld erscheint, wenn schon alles verloren scheint. Die im Folgenden beschriebene Situation geht von dieser Voraussetzung aus.

Wo bleibt die Verstärkung?

Kaum sind die *Rabenkrallen* zur Ruhe gekommen, erscheint erneut Odilo Kugres-Estrazar in ihrem Zelt. Kurz erkundigt sich der Geweihte nach dem Befinden der Helden, doch schnell kommt er zum Kern der Sache: Die Helden müssen sofort nach Süden aufbrechen und dafür sorgen, dass Fort Gereh fällt und so der Weg für die Verstärkungen des Hauptheers frei wird. Wie sie dies bewerkstelligen, ist dem Schwarzen General egal; Schnelligkeit ist der wichtigste Aspekt dieser Mission, und so erhalten die *Rabenkrallen* bei Bedarf auch Pferde der Fremdenlegion zur Verfügung gestellt. Auf Nachfragen reagiert Odilo kurz angebunden mit weiteren Details:

- Strategisch ist Fort Gereh von immenser Wichtigkeit. Solange es in den Händen der Loyalisten ist, ist nicht nur der Weg der Verstärkungen aus dem Süden blockiert, sondern auch ein weiterer Vorstoß des Haupttheeres nach Süden. Es bleibt zu wenig Zeit für eine ausgedehnte Belagerung.
- Fort Gereh ibn Dalash wird von Oberst ♟ *Ptahmes Mer'nebre* (53, dicklich, keine Körperbehaarung, ruhig, prunkvoller Hartholzharnisch, kompetenter Offizier; siehe Seite **44**) befehligt, einem alten Veteranen, der schon im ersten Kemikrieg gegen die Al'Anfaner gestritten hat. Allein sein Ruf und sein Charisma inspirieren und motivieren die in ihrer Loyalität gespaltene Fortbesatzung zum Widerstand gegen die von Süden heranrückenden Rebellen. Sollten die Helden ihn töten können, würde die Fortbesatzung das Festungswerk wohl den Rebellen überlassen.
- Mit den Verstärkungen hätte Chanya al'Plâne kaum eine Chance, die Schlacht von Mehat zu gewinnen. Ohne die Unterstützung aus dem Süden aber haben die Loyalisten tatsächlich eine realistische Möglichkeit, die Schlacht zu ihren Gunsten zu entscheiden.
- Die vor Gereh festsitzenden Rebellentruppen werden von Großinquisitor Boronîan Pâestumai und Ziyaal al'Plâne befehligt. Der Großinquisitor ist ein langjähriger Feind Chanya al'Plânes und Ziyaal ihre abtrünnige Tochter. Würden diese beiden auf dem Schlachtfeld in Mehat auftauchen, könnte man Chanya vermutlich dazu bringen, in der Schlacht alle Vorsicht fahren zu lassen und unkluge Entscheidungen zu treffen.

Die Helden erhalten noch kurz Zeit, um sich auszurüsten, ehe sie sich im sintflutartigen Regen auf den Weg machen.

Der Horas will es!

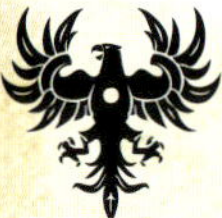

Horasische Helden werden bei der Auftragserteilung vermutlich bereits beschließen, Oberst Mer'nebre zu verschonen und so die al'anfanischen Verstärkungen von Mehat fernzuhalten. Allerdings werden die horasischen *Rabenkrallen* dann vor Ort feststellen, dass der Offizier just bei ihrem Eintreffen von der Hand Borons gekauft wurde und in Zukunft als Maulwurf unter den Loyalisten spionieren soll. Weder Oderin noch Odilo wissen von diesem Plan, sodass sie die Helden nicht auf das Vorhaben hinweisen können.

Zufallsbegegnungen (1W6)

1 Eine Gruppe Tschopukikuha-Krieger (Anzahl entspricht jener der Helden) hat die Helden bemerkt. Besiegte Gegner, die tapfer gekämpft haben, werden nicht sofort getötet, sondern in das Dorf der Waldmenschen verschleppt, wo sie vor ihrer Enthauptung rituell gefoltert werden.

2 Eine Gruppe Nasenaffen belästigt die *Rabenkrallen* mit allerlei mehr oder weniger appetitlichen Wurfgeschossen. Die Affen kämpfen nicht und fliehen, sobald einer von ihnen verletzt oder getötet wurde.

3 Eine Palmviper wird von den *Rabenkrallen* im Schlaf gestört und versucht, sich mit einem Giftbiss zu revanchieren.

4 Drei leuchtende Blaue Trahelische Pfeilfrösche sonnen sich mitten auf dem Pfad und machen keine Anstalten, vor den Helden zu weichen. Bei Berührung sondern sie ein gefährliches Gift ab, das durch die Haut aufgenommen wird (Wirkung wie Tulmadron, aber Art: Kontaktgift, tierisch, siehe **Regelwerk** Seite **342**).

5 Eine Riesenamöbe kreuzt den Weg der Helden und setzt sich auf deren Spur.

6 Ein Jaguar mit ebenso großem Hunger wie Selbstvertrauen beschleicht die Helden und schlägt zu, wenn sich die Gelegenheit bietet (Werte siehe Seite **28**).

Wenn du die Helden unter mehr Zeitdruck setzen und ihnen weitere Herausforderungen stellen willst, kannst sie auf der Wegstrecke Zufallsbegegnungen einbauen. Neben allerlei Dschungelgetier könnten auch Tschopukikuha den Weg der Helden kreuzen und sie in einen Kampf verwickeln, bei dem auch durchaus Gift zum Einsatz kommen kann.

Stammeskrieger der Tschopukikuha

MU 14 **KL** 10 **IN** 12 **CH** 10
FF 13 **GE** 14 **KO** 14 **KK** 13
LeP 36 **AsP** – **KaP** – **INI** 14+1W6
AW 9 **SK** 1 **ZK** 2 **GS** 8

Waffenlos: AT 14 **PA** 8 **TP** 1W6 **RW** kurz
Holzspeer (2H): AT 14 **PA** 8 **TP** 1W6+2 **RW** lang
Stachelkeule der Tschopukikuha (Tscho-Bakura): AT 12 **PA** 5 **TP** 1W6+4* **RW** mittel
Blasrohr: FK 13 **LZ** 2 **TP** 1W2* **RW** 2/20/40
Kurzbogen: FK 13 **LZ** 1 **TP** 1W6+4* **RW** 10/50/80
RS/BE: 0/0 (normale Kleidung oder nackt)
Vorteile/Nachteile: Entfernungssinn, Richtungssinn / Schlechte Eigenschaft (Aberglaube)
Sonderfertigkeiten: Finte I (Waffenlos, Holzspeer, Stachelkeule), Geländekunde (Dschungelkundig), Hruruzat[AKO158], Muttersprache Tahaya III, Ortskenntnis (Heimatdorf), Präziser Schuss/Wurf I (Blasrohr, Kurzbogen), Verbessertes Ausweichen I+II, Wuchtschlag I (Waffenlos, Holzspeer, Stachelkeule)
Talente: Einschüchtern 7, Handel 6, Körperbeherrschung 10, Kraftakt 8, Menschenkenntnis 7, Selbstbeherrschung 9, Sinnesschärfe 10, Überreden 5, Verbergen 9, Wildnisleben 9, Willenskraft 7
Kampfverhalten: Die Stammeskrieger werden versuchen, mit ihren Fernkampfwaffen anzugreifen und dann die geschwächten Helden in Nahkämpfe verwickeln. Die Krieger setzen dabei häufig *Finten* ein.
Flucht: Verlust von 50 % der LeP; sind die Hälfte aller Stammeskrieger geflohen oder handlungsunfähig, flieht der Rest
Schmerz +1 bei: 27 LeP, 18 LeP, 9 LeP, 5 LeP oder weniger
*) *Gift:* Die Pfeile der Fernkampfwaffen und die Stacheln der Nahkampfwaffe sind fast immer vergiftet, vor allem mit Wurara (siehe **Regelwerk** Seite **342**). Weiteres zur Kampftechnik Blasrohre findest du im Anhang auf Seite **63**.

Kampftechnik Hiebwaffen

Waffe	TP	L+S	AT/PA-Mod	RW	Gewicht	Länge	Preis
Stachelkeule der Tschopukikuha (Tscho-Bakura)	1W6+4	KK 14	–1/–2	mittel	0,75 Stn	70 HF	16 S

Riesenamöbe

Größe: nicht genau bestimmbar
Gewicht: 150 bis 750 Stein
MU 20 **KL** 6 (t) **IN** 14 **CH** 11
FF 12 **GE** 12 **KO** 18 **KK** 17
LeP 30 **AsP** – **KaP** – **INI** 10 +1W6
VW 3 **SK** 4 **ZK** 4 **GS** 3
Scheinarm: AT 6 **TP** 1W3+KR/2* **RW** je nach Bedarf kurz bis lang
RS/BE: 0/0
Aktionen: 1
Vorteile/Nachteile: keine
Sonderfertigkeiten: Klammergriff (Scheinarm)
Talente: Einschüchtern 7, Klettern 12, Körperbeherrschung 6, Kraftakt 13, Schwimmen 12, Selbstbeherrschung – (Probe gelingt automatisch), Sinnesschärfe 7, Verbergen 13, Willenskraft – (Probe gelingt automatisch)
Anzahl: 1
Größenkategorie: groß
Typus: Tier, nicht humanoid
Beute: verschiedene Metallgegenstände im Wert von 1W6 Dukaten
Kampfverhalten: Riesenamöben lauern zunächst ihrem Opfer auf und versuchen es dann zu verschlingen. Entkommt ein Opfer, verfolgen sie es langsam, aber stetig bis zu 13 Stunden lang.
Flucht: bei unter 6 LeP
Schmerz +1 bei: immun gegen *Schmerz*
Tierkunde (Ungeheuer):
- **QS 1:** Riesenamöben kennen keinen Schmerz.
- **QS 2:** Riesenamöben verfolgen ein Opfer sehr lange.
- **QS 3+:** Im Inneren einer Riesenamöbe wird Metall und Stein nicht verdaut. Manchmal findet man also in ihr wahre Schätze.

Sonderregeln:
Immunität gegen Fechtwaffen (außer Rapier), Hiebwaffen (außer Axttypen), Kettenwaffen, Lanzen, Raufen, Schilde, Stangenwaffen (außer Axttypen) und Zweihandhiebwaffen (außer Axttypen), alle Fernkampftechniken (außer Wurfaxttypen): Die genannten Kampftechniken richten bei Riesenamöben keine TP an.
*) *Verschlingen:* Pro KR, in der sich ein Held im *Klammergriff* befindet, wird er mehr und mehr verschlungen, was sich in mehr TP ausdrückt.

Palmviper
Größe: 1,40 bis 1,60 Schritt
Gewicht: 0,75 bis 1,25 Stein
MU 14 **KL** 9 (t) **IN** 14 **CH** 13
FF 11 **GE** 11 **KO** 10 **KK** 14 (k)
LeP 6 **AsP** – **KaP** – **INI** 7+1W6
VW 3 **SK** 0 **ZK** 1 **GS** 4
Biss: AT 16 **TP** 1W3(+Gift)* **RW** kurz
RS/BE: 0/0
Aktionen: 1
Vorteile/Nachteile: Herausragender Sinn (Geruch) / Eingeschränkter Sinn (Sicht)
Sonderfertigkeiten: Angriff auf ungeschützte Stellen (Biss) (siehe Seite **29**), Verbeißen (Biss)
Talente: Einschüchtern 7, Klettern 9, Körperbeherrschung 4, Kraftakt 5, Schwimmen 2, Selbstbeherrschung 9, Sinnesschärfe 7, Verbergen 13**, Willenskraft 4
Anzahl: 1
Größenkategorie: winzig
Typus: Tier, nicht humanoid
Beute: 0,5 Rationen Fleisch, Haut (10 Silbertaler), Gift (300 Silbertaler)
Kampfverhalten: Palmvipern sind aggressiv und alle Wesen, die in Angriffsdistanz kommen, werden gebissen.
Flucht: Verlust von 50 % der LeP
Schmerz +1 bei: 5 LeP, 4 LeP, 3 LeP, 2 LeP oder weniger

Tierkunde (Wildtiere):
- **QS 1:** Die Palmviper ist angriffslustig und schnappt auch nach größeren Wesen, etwa Panthern oder Menschen.
- **QS 2:** Durch ihr grünes Schuppenkleid ist sie perfekt im Dschungel getarnt.
- **QS 3+:** Die Zähmung einer Palmviper ist fast unmöglich, einzig Echsenwesen und Hexen soll dies gelungen sein.

Jagd: –2
Sonderregeln:
*) *Palmvipergift:* Das Gift der Palmviper kann kleinere Tiere sofort töten, aber selbst Menschen können daran sterben. Der Schaden ist nicht kumulativ.
Stufe: 3
Art: Einnahme- und Waffengift, tierisch
Widerstand: Zähigkeit
Wirkung: 4W6 SP / 2W6 SP
Beginn: sofort
Dauer: sofort
Kosten: 400 Silbertaler
**) *Tarnung:* Durch die Farbe der Schuppen kann die Palmviper sich in entsprechender Umgebung (Dschungel) gut tarnen. Proben auf *Sinnesschärfe (Hinterhalt entdecken* oder *Wahrnehmen),* um sie zu entdecken, sind dort um –2 erschwert.

Klammergriff (Spezialmanöver)

Mittels Fangarmen, Tentakeln, Rüsseln, langen Armen oder dem ganzen Körper kann ein Wesen einen Helden umschlingen, anheben und würgen.

Regel: Dem Wesen muss eine AT mit seinem Fangarm (Tentakel, Arm, Körper etc.) gelingen. Kann der Gegner sich nicht verteidigen, hält der Angreifer ihn fest. Solange der Gegner festgehalten wird, leidet er unter den Status *Fixiert* und *Eingeengt*. Ab der nächsten KR muss das Wesen keine AT mehr würfeln, sondern erzeugt durch Quetschen SP in Höhe der ausgewürfelten TP des Angriffs. Alternativ kann das Wesen 1 Aktion aufwenden, um das Opfer zu seinem Maul zu heben. In der folgenden KR kann das Wesen dann zubeißen, so es über eine Biss-Attacke verfügt. Diese Biss-Attacke gelingt gegen einen festgehaltenen Gegner. Die Verteidigung des Angreifers sinkt für den Rest der KR, in welcher der Biss stattfindet, auf 0. Der Klammergriff kann nur gegen Gegner kleinerer Größenkategorien eingesetzt werden. Um sich aus dem Klammergriff zu lösen, ist eine gelungene Vergleichsprobe auf *Kraftakt (Ziehen & Zerren)* nötig. Mittels einer freien Aktion kann der Klammernde den Gehaltenen loslassen. Sollte der Klammernde sein Opfer angehoben haben, stürzt es und erleidet den Status *Liegend*, sofern ihm nicht eine Probe auf *Körperbeherrschung (Kampfmanöver)* gelingt. Der Angriff ist um –4 erschwert.
Erschwernis: –4
Voraussetzungen: Wesen verfügt automatisch über die SF

Fort Gereh

Fort Gereh liegt etwa zehn Meilen südlich von Mehat in einer kleinen Talsenke, die von West nach Ost vom Tairan durchflossen wird, einem schmalen Flüsschen mit starker Strömung, welches das Fort nach Norden hin deckt. Die Befestigung hat einen quadratischen Grundriss; die Holzpalisaden sind je einhundert Schritt lang und vier Schritt hoch und mit insgesamt vier hölzernen Wachtürmen an den Ecken abgesichert. Die Militärstraße führt durch ein Tor im Norden und eines im Süden direkt durch das Fort. Der Wehrbau ist in gutem Zustand, die Wälle besetzt und zwischen den ordentlich ausgerichteten Blockhäusern in der Umfriedung herrscht eifrige Betriebsamkeit.

Im Osten der Anlage liegt die **Kommandantur (01)**, ein zweistöckiger Bau, der als einziges Gebäude ein Steinfundament aufweist. Im Erdgeschoss der Kommandantur befinden sich die Schreibstube, eine kleine Waffenkammer und eine Wachstube. Im ersten Stock hat Oberst Mer'nebre seine karg eingerichteten Privaträume. Die Soldaten des Forts sind in den **Mannschaftsquartieren (02)** untergebracht. Doppelstockbetten aus Holz, einige Truhen für die Habseligkeiten der Besatzung, ein großer Tisch und mehrere Stühle vervollständigen die Einrichtung. Daneben wurde die kleine, gut ausgestattete **Schmiede (03)** des Forts errichtet. Die **Rüstkammer (04)** ist ein massives, einstöckiges Holzgebäude mit flachem Dach, das jederzeit von zwei Soldaten bewacht wird. Neben den **Latrinen**

(05) – ein paar Löchern im Boden, die regelmäßig entleert werden – wurde das **Kerkerloch (06)** gegraben, das mit einem massiven Eisengitter gesichert ist. Im Zentrum der Wehranlage befindet sich ein mit dicken Tauen und einem auf vier groben Holzpfosten ruhendem Blätterdach abgesichertes **Geviert (07)**, in dem nicht nur durchreisende Händler ihre Stände aufbauen dürfen, sondern auch andere Reisende gründlich durchsucht werden. Gegenüber liegt die **Messe (08)**, in der die Soldaten ihre Mahlzeiten einnehmen. In diesem Blockhaus befinden sich auch die Küche, das Vorratslager und eine kleine Bäckerei.

Vor dem nördlichen Tor des Forts führt eine **Brücke (09)** über den Tairan, der westlich des Forts durch ein sumpfiges, mit dichten Sträuchern, Farnen und Bäumen bestandenes Sumpfgebiet fließt. Im Osten schließt sich dicht an die Palisade ein mit einer mannshohen Brustwehr aus Stämmen, Steinen und Dornengestrüpp abgesicherter **Geschützhügel (10)** an, auf dessen entwaldeter Spitze zwei drehbare Rotzen aufgebaut wurden, die das Fort sowohl nach Norden als auch nach Süden decken können.

Wenn die *Rabenkrallen* das Fort erreichen, wartet bereits die Corporala ♟ *Alesina Yraganez* (klein, drahtig, rasierter Schädel, vorlaut; meisterliche Dschungelläuferin; Willenskraft 12 (15/14/13), SK 2) auf sie, eine Späherin der al'anfanischen Fremdenlegion, welche die Helden mit weiteren Informationen versorgen kann.

Krieg ist ein schmutziges Geschäft

Alesina kann den Helden eine recht detaillierte Beschreibung von Oberst Ptahmes Mer'nebre geben. Zudem kann sie berichten, dass der Fortkommandant gerne einer festen Routine folgt. Nach dem Morgenappell, etwa zur zehnten Stunde, begibt er sich auf den Geschützhügel, um die Rotzen zu inspizieren. Diese verfügen auch über Brandmunition, was die Rebellentruppen schon schmerzhaft erfahren mussten. Danach patrouilliert er persönlich die Wehrgänge des Forts, wobei er sich bei den beiden südlichen Wachtürmen länger aufhält, um die vor den Toren lagernden feindlichen Truppen durch ein Fernrohr zu betrachten. Um die Mittagszeit zieht er sich für etwa vier Stunden in die Kommandantur zurück, die in der Mitte des Forts liegt. Nachmittags beaufsichtigt der Oberst die Wachablösung; zuerst auf den Wällen, dann auf dem Geschützhügel. Bevor er sich mit dem Einbruch der Dunkelheit wieder seine Privaträume zurückzieht, erfolgt ein weiterer Patrouillengang auf den Wällen.

Um ihn auszuschalten, ergeben sich folgende Möglichkeiten:

- Die Helden infiltrieren das Fort und töten Ptahmes Mer'nebre bei seiner Nachtruhe oder den nachmittäglichen Schreibarbeiten. Dazu sind sehr gute Fähigkeiten nötig, denn aufgrund der feindlichen Truppen vor den Toren ist die Fortbesatzung sehr aufmerksam. Zudem ist das Vorfeld vor dem Fort von Gesträuch und Büschen befreit und die Palisaden glatt und hoch (Proben auf *Verbergen (Schleichen*

Der Horas will es!

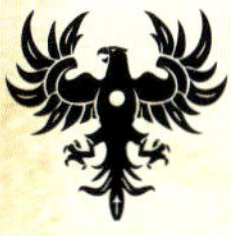

Horasische Helden haben natürlich kein Interesse daran, dass die Rebellenverstärkungen Mehat noch rechtzeitig erreichen. Aufgrund der Kürze der Zeit und der Schwierigkeit der Mission ist ihre Tarnung nicht ernsthaft gefährdet, wenn sie Fort Gereh nicht rechtzeitig in ihre Gewalt bringen. Um sie dennoch zu motivieren, Oberst Ptahmes Mer'nebre zu töten, finden sie heraus, dass dieser ein Agent der Al'Anfaner ist, der in der Nachkriegsordnung unter den verbliebenen Widerständlern als Spion Rhôndas agieren soll. Aus diesem Grund plant er, die Loyalisten unter seinem Kommando töten zu lassen und Fort Gereh nach einer mit diesen Toten vorgetäuschten Abwehrschlacht aufzugeben.

Wie die Helden diese Intrige enttarnen, hängt von ihrem Vorgehen ab. Infiltrieren sie das Fort und dringen heimlich zum Oberst vor, belauschen sie ihn bei einem Gespräch mit einem dürren, in eine unauffällige, dunkle Lederrüstung gekleidetem Mann namens ♟ *„Alrigio"* (Mitte 20, halblanges, schwarze Haar, akkurater Vollbart, dünn, drahtig, gewandt; meisterlicher Meuchler; orientiere dich an den Werten Said Bonareths auf Seite **36**). Alrigio ist Mitglied der Hand Borons und erläutert Ptahmes gerade, was Al'Anfa als Gegenleistung für die bereits geleistete großzügige Bezahlung erwartet: nicht nur die Öffnung Fort Gerehs, sondern auch seine weiteren Dienste als Auge und Ohr des Imperiums bei den verbliebenen, uneinsichtigen Speichelleckern Elas, sollten diese sich nach ihrer Niederlage zu einer Widerstandsgruppe zusammenschließen.

Nähern sich die *Rabenkrallen* offen dem verräterischen Oberst, lässt der vermeintliche Verbündete die „Spione" einkerkern, ohne sich die Gelegenheit zu einem entlarvenden Schurkenmonolog entgehen zu lassen, sobald er die *Rabenkrallen* sicher hinter Gittern wähnt. Der eitle Ptahmes fühlt sich aufgrund seines Geschlechts von Chanya al'Plâne in Bezug auf Beförderungen und Kommandoposten übergangen und ist nur zu gern bereit, sich heimlich als Spion und Saboteur für die neue Königin der Kemi zu verdingen.

Entscheiden sich die Helden dafür, den Dingen vor Gereh ihren Lauf zu lassen, so finden sie die dunklen Absichten des Oberst durch die unbedachten Plaudereien Alesinas heraus, die den *Rabenkrallen* freimütig erzählt, dass Ptahmes Mer'nebre ein Überläufer sei, und der Abmarsch der Verstärkungen nach Norden bereits vorbereitet werde. Die Helden können sich dann entscheiden, ob sie den Verräter hier und jetzt ausschalten oder sich auf eine Meldung an ihre horasischen oder kem'schen Kontakte beschränken. Allerdings dürfte klar sein, dass beim Ansehen und Ruf des Obersts dessen bloße Meldung als Verräter vermutlich nicht sonderlich ernst genommen werden wird, sollte kein definitiver Beweis vorgelegt werden können (Probe auf *Rechtskunde (Tiefer Süden)* –1).

oder *sich Verstecken)* –2, *Klettern (Baumklettern)* –2, *Körperbeherrschung (Laufen)* –1). Magie kann hier helfen, aber möglicherweise können die Helden auch auf Sympathisanten Prinzessin Rhôndas treffen, die bei ihren Einbruchsversuchen wegschauen (Probe auf *Überreden (Betteln, Herausreden, Manipulieren* oder *Schmeicheln)* –3). Aktive Unterstützung werden sie im Fort jedoch nicht finden.

Falls es mit den Verteidigern des Forts oder mit Oberst Mer'nebre zum Kampf kommt, werden diese in erster Linie versuchen, Gefangene zu machen, die sie einem Verhör unterziehen können. Sieht es für die Soldaten schlecht aus (LeP unter 25 %), strecken sie die Waffen oder ergreifen die Flucht – nicht so der Oberst, der bis zum Ende kämpft. Es besteht zudem die Möglichkeit, dass die Helden im Kampf von Rhônda-Sympathisanten Unterstützung erhalten (Werte siehe Seite **61**).

- Die Helden sabotieren die Rotzen auf dem Geschützhügel. Auch wenn hier permanent fünf Soldaten stationiert sind, ist es mit etwas Geschick möglich, die Brustwehr zu überwinden und ungesehen zu den Geschützen vorzudringen (Probe auf *Verbergen (Schleichen)* –2). Die kleinen Fässchen, die die Brandmunition enthalten, können leicht so sabotiert werden, dass sie beim Abschuss zerbersten und das Geschütz samt Bedienmannschaft in Brand setzen. Ein Aufmarsch der kem'schen Rebellen vor dem Südtor, während der Oberst bei den Geschützen ist, könnte durchaus dessen unglückliches, feuriges Ende bewirken. Natürlich ist auch denkbar, dass die *Rabenkrallen* den Wehrgang oder den Wehrturm so sabotieren, dass der Fortkommandeur einen unglücklichen, fatalen Sturz erleidet, aber dazu ist ein ungesehenes Eindringen in das Fort notwendig (Probe auf *Verbergen (Schleichen)* –2).
- Die *Rabenkrallen* entscheiden sich für ein klassisches Attentat. Personen auf den Wehrgängen, bei den Geschützen oder in den Türmen des Forts sind mit Schusswaffen nur schwer zu treffen, da eine ungesehene Annäherung zwar nicht ganz unmöglich, aber sehr schwierig ist (Probe auf *Verbergen (Schleichen)* –4). Ein guter Schütze, der zudem Bolzen oder Pfeil mit Gift versieht, kann das Problem durchaus auch auf diese Weise lösen. Daneben mag ein entsprechend befähigter Zauberer das Ziel aus der Distanz ausschalten können.
- Der Oberst kann in der offenen Schlacht getötet werden. Dazu müssten die *Rabenkrallen* ihn aber aus dem Fort locken. Ptahmes Mer'nebre wird die Sicherheit der Palisaden jedoch nur dann aufgeben, wenn er sich in der Überzahl wähnt – ein schlichter Abzug der Rebellentruppen nach Süden reicht dafür nicht aus. Eine Möglichkeit, dieses Dilemma zu lösen, wäre beispielsweise ein inszenierter Bruderkampf innerhalb der Rebellentruppe oder der vorgetäuschte Angriff von elatreuen Soldaten auf diese. Gut in Szene gesetzt, könnte dies den Oberst dazu verleiten, den vermeintlichen Loyalisten zur Hilfe zu eilen (Probe auf *Bekehren & Überzeugen (Einzelgespräch)* –3) und aus dem Fort auszubrechen.

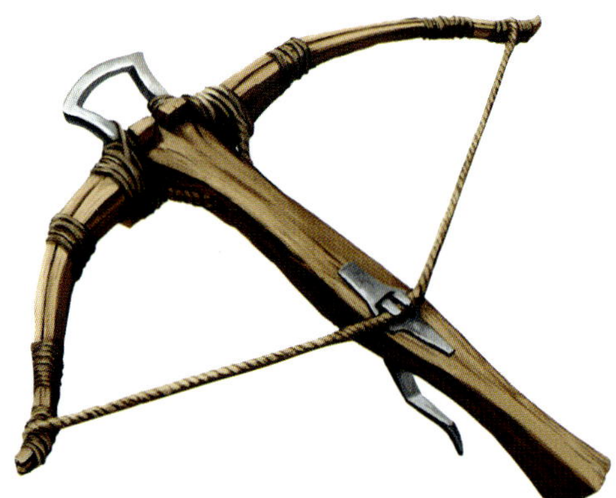

Ptahmes Mer'nebre
MU 16 **KL** 13 **IN** 13 **CH** 14
FF 12 **GE** 14 **KO** 15 **KK** 15
LeP 40 **AsP** – **KaP** – **INI** 16+1W6
AW 7 **SK** 2 **ZK** 3 **GS** 8
Waffenlos: AT 17 **PA** 10 **TP** 1W6+1 **RW** kurz
Dolch: AT 17 **PA** 10 **TP** 1W6+1 **RW** kurz
Sichelschwert: AT 17 **PA** 9 **TP** 1W6+5 **RW** mittel
RS/BE: 3/0 (Lederrüstung) (Modifikatoren durch Rüstungen bereits eingerechnet)
Vorteile/Nachteile: Krankheitsresistenz I, Verbesserte Regeneration (Lebensenergie) I
Sonderfertigkeiten: Anführer, Aufmerksamkeit, Belastungsgewöhnung I+II, Finte I (Waffenlos, Dolch, Sichelschwert), Kampfreflexe I, Muttersprache Garethi III, Ortskenntnis (Heimatdorf), Sturmangriff (Sichelschwert), Verteidigungshaltung (Waffenlos, Dolche, Sichelschwert), Vorstoß (Waffenlos, Dolch, Sichelschwert), Wuchtschlag I+II (Waffenlos, Sichelschwert)
Talente: Einschüchtern 13, Gassenwissen 8, Handel 8, Körperbeherrschung 11, Kraftakt 14, Kriegskunst 13, Menschenkenntnis 9, Selbstbeherrschung 11, Sinnesschärfe 12, Überreden 10, Verbergen 10, Willenskraft 14
Kampfverhalten: Der Oberst setzt gezielt auf einen *Vorstoß* und *Sturmangriff*, danach versucht er seine Gegner mit *Finten* und *Wuchtschlägen* auszuschalten.
Flucht: Ptahmes Mer'nebre flieht nicht.
Schmerz +1 bei: 30 LeP, 20 LeP, 10 LeP, 5 LeP oder weniger

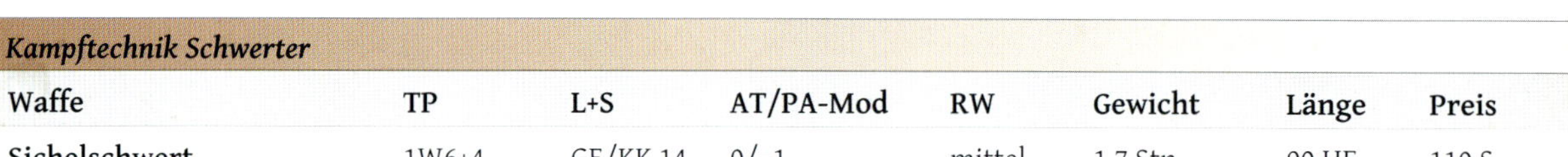

Kampftechnik Schwerter

Waffe	TP	L+S	AT/PA-Mod	RW	Gewicht	Länge	Preis
Sichelschwert	1W6+4	GE/KK 14	0/–1	mittel	1,7 Stn	90 HF	110 S

Selbstverständlich können deine Helden hier auch andere Pläne entwickeln – der Kreativität sind keine Grenzen gesetzt.

Wollen sich die Helden mit den südlich von Gereh lagernden Rebellentruppen koordinieren, führt Alesina diese unter großen Mühen westlich um das Fort, geradewegs durch die labyrinthartige, vor Nässe triefende Vegetation. Größere Truppenteile könnten hier kaum passieren, und wenn sie es doch versuchen sollten, wären herbe Verluste durch Flankenangriffe und die feindselige Natur unvermeidbar. Im Lager der Rebellen können sich die *Rabenkrallen* mit deren Anführern ♟ *Boronîan Pâestumai* (59, langes, graues Haar, Augenklappe, Spitzbart, Hartholzharnisch, hohe Menschenkenntnis; meisterlicher Geweihter und Offizier; Willenskraft 13 (15/13/14), SK 2) und ♟ *Ziyaal al'Plâne* (26, klein, athletisch, misstrauisch; meisterliche Kämpferin, kompetente Offizierin; Willenskraft 12 (15/14/13), SK 2) beraten. Rhôndas Anhänger bestehen aus einer Handvoll Laguaner-Ritter, einigen übergelaufenen regulären Kemi-Soldaten und zahlreichen Anhängern und Klientel der Pâestumai-Familie, die in den Städten des Westens zu meist improvisierten oder erbeuteten Waffen gegriffen haben, um die Herrschaft Elas abzuschütteln. Die Moral der Truppe ist hoch, die Kampfkraft aber aufgrund von Ausrüstungsmängeln und der hohen Anzahl ungeübter Kämpfer nur mittelmäßig. Die Ausrüstung ist knapp und oft improvisiert, sodass die Rebellen nur gängige Vorräte der *Rabenkrallen* (Verbandsmaterial, Waffen, Nahrung, Wasser) ersetzen können. Über exotische Hilfsmittel (Zaubertränke, Heiltränke, Alchimika) verfügen sie nicht.

Von den Rebellen können die Helden einige Informationen erhalten:

Zur allgemeinen Lage (1W6):

1 Der Aufstand der Rhôndatreuen im Kernland mag zwar niedergeschlagen worden sein, aber für diesen Fall ist Vorsorge getroffen worden. Sobald das al'anfanische Heer den Tirob überschreitet, werden die Aufständischen erneut zu den Waffen greifen. Es fällt den Getreuen Elas immer schwerer, dort Ruhe und Ordnung aufrechtzuerhalten. (+)

2 Ela hat in Vinsalt und Brabak um Hilfe gebettelt! Brabak diskutiert noch, hat aber bisher nur eine Handvoll abgerissener Söldner geschickt (+). Die Horasier aber sind schon in Al'Anfa vorstellig geworden, um einen Abzug der Al'Anfaner zu verlangen. Wenn wir nicht schnell durchbrechen, war alles umsonst. (+/–)

3 Chanya al'Plâne mag zwar eine gute Generalin sein, aber sie ist eine verfluchte Tyrannin. Seit sie in Kemi das Sagen hat, werden alle, die sie für Anhänger Rhôndas hält, verhaftet, gefoltert und getötet. Wenn sie den Krieg gewinnt, werden wir unter der aranischen Despotin im Blut ertrinken. (–)

4 Corvikaner-Äbtissin Dhana Chesaî'ret hat sich Prinzessin Rhônda unterstellt und belagert zurzeit Djáset. Die Sache ist gelaufen; Elas Schergen sind am Ende. (–)

5 Königin Ela ist heimlich zum Rastullah-Glauben konvertiert. Deshalb hat sie der Herr Boron vor Djáset niedergestreckt. Wenn das ihre horasischen Gebieter wüssten, würden selbst die sich uns vermutlich anschließen! (–)

6 Die Inseln haben sich Prinzessin Rhôndas Sache angeschlossen. Zu schade, dass die so weit weg sind. Ein paar Söldner aus den Kolonien stünden uns gut zu Gesicht. (+)

Zur Lage vor Ort (1W6):

1 Der erste Angriff auf das Fort schlug fehl, weil die Verteidiger nicht nur Rotzen mit Brandmunition haben (+), sondern auch auf einen Feuermagier zurückgreifen konnten. (–)

2 Wenn Gereh in den Händen der Loyalisten bleibt und diese bei Mehat verlieren sollten, wäre es für sie ein leichtes, sich hier im Fort zu sammeln und zu reorganisieren. Dann wäre der Weg nach Süden für unser Hauptheer auf unabsehbare Zeit blockiert. (+)

3 Oberst Mer'nebre ist ein harter Hund, der keine Gefahr scheut. Der wird nie aufgeben. (+)

4 Mer'nebre ist ein eitler Fatzke, der vor Eifersucht und Neid kocht, weil er kein entscheidendes Kommando bekommt. Der ist immer für verwegene Aktionen zu haben, wenn er dadurch gut aussieht. (+/–)

5 Ziyaal al'Plâne ist keine echte Laguanerritterin, sondern bei der Hand Borons. Wie hätte sie sonst diesen horasischen Kahn in Khefu sprengen können? (–)

6 Wir müssen durch dieses verdammte Fort, daran führt wortwörtlich kein Weg vorbei. Östlich und westlich kommen wir nicht weit. Der Großinquisitor hat es versucht, aber von den Spähern kam nur die Hälfte zurück, und die hatten keine guten Nachrichten. (+)

In feindlichen Händen

Auch bei dieser Mission besteht die Möglichkeit, dass die Helden in Gefangenschaft geraten; sei es, dass sie als Agenten der Horasier Oberst Mer'nebre fälschlicherweise Vertrauen entgegengebracht haben, sei es, dass sie bei ihren Versuchen, das Fort zu infiltrieren oder Sabotageakte zu begehen, gefasst wurden. In diesem Falle werden sie entwaffnet, Magier zudem geknebelt und mit Ketten gefesselt, und recht unsanft (1W6 SP) in den Kerker des Forts gebracht, ein etwa fünf Schritt durchmessendes, fünfzehn Schritt tiefes, mit Holz abgestütztes Loch in der Südwestecke des Forts, das mit einem stabilen und schweren Eisengitter abgedeckt ist. Auf dem Boden steht das Wasser etwa einen Spann hoch; was sich an ekelhaften Hinterlassenschaften früherer Gefangener darin befindet, kannst du nach Gutdünken entscheiden.

Sollten die Helden keine Möglichkeit finden, die Holzwände zu erklettern und das Schloss des Eisengitters zu knacken, kannst du ihnen das ein oder andere Hilfsmittel zuspielen, mit dem diese Herausforderung bewältigt werden kann. Im schlammigen Wasser am Grunde des Kerkerlochs könnten sich nützliche Fundstücke verbergen: ein gesplitterter Fingerknochen, eine Gürtelschnalle, ein rostiger Eisenlöffel oder Ähnliches. Sollten alle Stricke reißen, könnte sich ein Gefangenenwächter als Sympathisant Rhôndas erweisen und den Helden bei der Flucht helfen (Probe auf *Überreden (Betteln, Manipulieren* oder *Schmeicheln)* –1).

In dieser Situation kommt es auf Schnelligkeit an, denn es ist davon auszugehen, dass die *Rabenkrallen* möglichst schnell verhört und hingerichtet werden sollen. Um den Helden das klarzumachen, kannst du am Loch auch den Henker erscheinen lassen, einen dicklichen, jovialen Weibel mit roter Nase, der den Gefangenen fröhlich erklärt, dass er sie in Augenschein nehme, um die richtige Länge für die Galgenstricke abzuschätzen.

Zum Entkommen müssen die Helden die Holzwände des Kerkerlochs erklimmen und das Schloss des Eisengitters öffnen (Probe auf Klettern –3, danach *Kraftakt (Stemmen & Heben)* –2).

Mission erfüllt!

Ist Oberst Ptahmes Mer'nebre tot, dauert es nicht lange, bis über Gereh die weiße Fahne gehisst wird. Sodann trifft sich eine Delegation unter Hauptfrau *Bernhild von Silbertann* (33, blond, Sonnenbrand, dürr, entschlossen; überzeugte Loyalistin; Willenskraft 10 (14/14/13), SK 2) zwecks Übergabe mit den *Rabenkrallen* und Boronîan Pâestumai. Schnell ist man sich einig: Soldaten der Fortbesatzung, die sich der Sache Rhôndas nicht anschließen wollen, erhalten gegen das Versprechen, in diesem Krieg nicht mehr zu den Waffen zu greifen, freien Abzug. Der Großinquisitor stellt eine kleine Besatzung für das Fort ab und ist nach kurzer Rast bereit, mit seinen Leuten an der Seite der *Rabenkrallen* nach Norden zu ziehen.

Möchtest du deinen Helden bei den Übergabeverhandlungen eine größere Rolle einräumen, kannst du sie diese einleiten und federführend durchführen lassen.

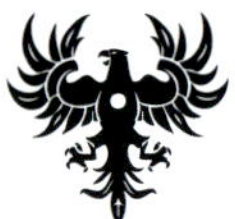

Horasische Helden haben hier nur wenige Möglichkeiten, den Durchmarsch der Verstärkungen zu verhindern, allerdings ist es möglich, durch geschicktes Agieren bei den Verhandlungen Zeit zu schinden und den Abmarsch der Verstärkungen zu verzögern. Dabei müssen sie aber sehr vorsichtig vorgehen, denn Großinquisitor Pâestumai ist sehr gut darin, Menschen einzuschätzen und Intrigen zu durchschauen.

Zum Vorlesen oder Nacherzählen:

Ein Gefühl tiefer Zufriedenheit erfüllt euch, als ihr die wehrhaften Palisaden Fort Gerehs hinter euch gelassen habt. Einmal mehr habt ihr in den Lauf der Geschichte eingegriffen und nicht nur Ruhm und Ansehen für eure Herren erworben, sondern auch für euch selbst. Was wird die Zukunft bringen? Das wissen nur die Götter.

Ein paar Soldaten der neben euch marschierenden Rebellen stimmen ein Lied in der urtümlichen Kemi-Sprache an; nach und nach stimmen alle anderen ein. Auch ihr Anführer, der alte, unnahbare Großinquisitor der Kemi, Boronîan Pâestumai, erhebt seine Stimme um in das Loblied Borons einzustimmen. Der Rabe scheint euch gewogen, doch der entscheidende Test steht noch an.

Doch plötzlich verstummt das Lied. Von Norden her hört ihr den Lärm von Hörnern und Trompeten, das Klirren von Stahl auf Stahl und laute Stimmen, die Verwünschungen, Kommandos und Kriegsschreie ausstoßen. Der Angriff der Löwin hat begonnen.

Nun ist Eile geboten: In Mehat sucht Chanya die Entscheidung, und es liegt nun auch an den *Rabenkrallen*, wie diese aussehen wird.

DIE GROSSE SCHLACHT

Nachdem es am ersten Tag der Schlacht nur zu kleineren Vorhutgeplänkeln kam und die Kämpfe am zweiten Tag bereits früh durch das heftige Gewitter unterbrochen wurden, beginnt mit dem dritten Tag der Schlacht das Finale des Abenteuers. Während der Kampf tobt, können die Heldinnen an verschiedenen Stellen eingreifen und manches Mal im entscheidenden Moment das Zünglein an der Waage sein. Dabei haben die *Rabenkrallen* weitgehend freie Hand, welchem Abschnitt des Schlachtfeldes sie sich zuwenden. Die Schlacht von Mehat endet – auch dank der zahlenmäßigen Überlegenheit – mit einem Sieg der Al'Anfaner. Wie eindeutig dieser Sieg ausfällt, liegt jedoch in der Hand der Heldinnen.

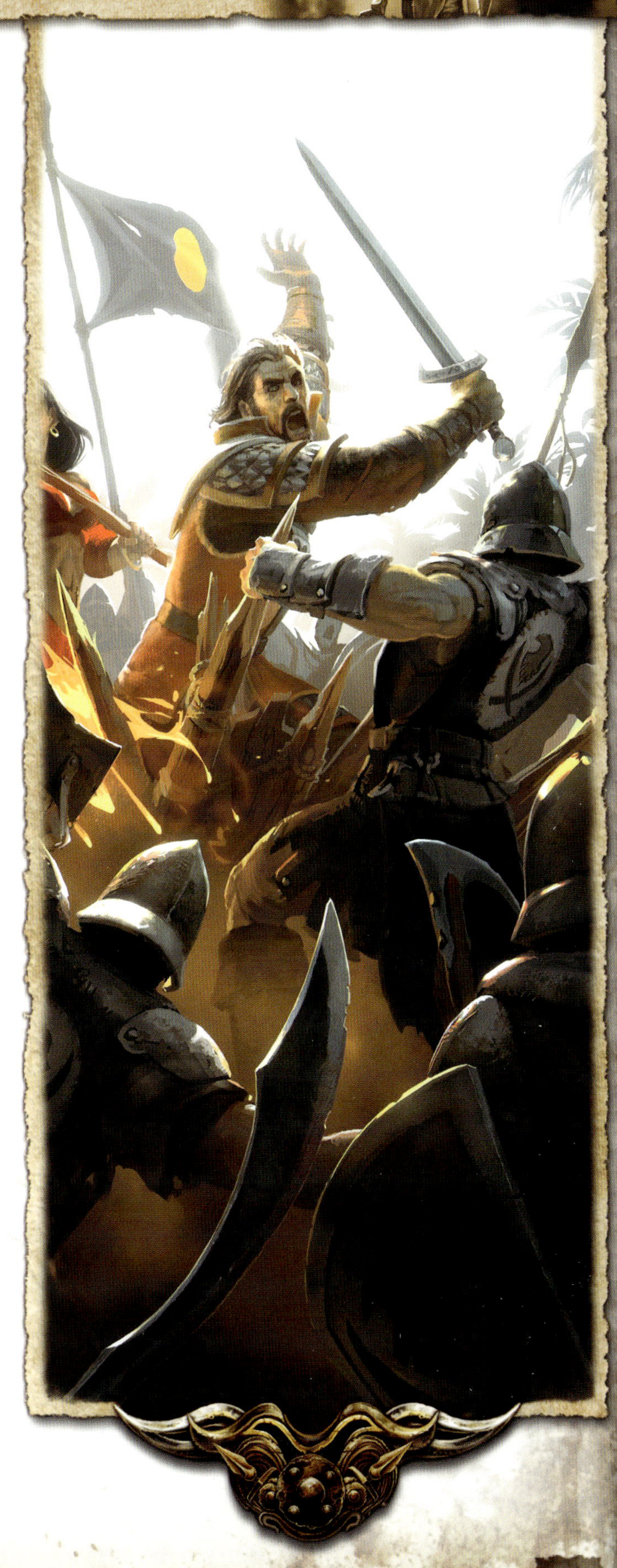

Die Ausgangssituation

Seit dem Nachmittag des 14. Hesinde stehen die Soldaten des Boronszuges und der loyalistischen Kemi einander zum Kampf entschlossen gegenüber. Nach mehreren kleineren Scharmützeln findet die eigentliche Entscheidung aber erst im Laufe des 16. Hesinde statt, was dazu führt, dass in der al'anfanischen Geschichtsschreibung später häufig von einer dreitägigen Schlacht die Rede sein wird.

Die vergleichsweise kleine gerodete Fläche um Mehat, der dichte Dschungel der Umgebung und der aufgeweichte Boden erschweren es Oderin und Chanya, ihre Truppen offen aufzustellen und die Kampfkraft ihrer Schwergerüsteten zu nutzen. Beide Seiten versuchen sich einen Vorteil zu verschaffen, indem sie Kämpfer in den umliegenden Dschungel schicken, um die Schlachtlinie des Gegners zu umgehen und ihm in die Seite zu fallen. Dadurch dehnt sich das Schlachtgeschehen auf eine immer größere Fläche aus, was es den Heerführern erschwert, das Geschehen zu überblicken. Die Kampfhandlungen ziehen sich in die Länge und erweisen sich als deutlich schwerer zu lenken als eine offene Feldschlacht. Es dauert bis zum Abend, bis sich eine Entscheidung abzeichnet.

Das Ziel der Al'Anfaner: Oderin du Metuant und Prinzessin Rhônda erhoffen sich von der Schlacht einen entscheidenden Sieg über die Truppen der Kemi. Sie wissen, dass Chanya al'Plâne über weit weniger Reserven verfügt als die Al'Anfaner und daher Verluste deutlich schwerer ausgleichen kann. Gelingt es, Chanyas Heer entscheidend zu schlagen und die Heerführerin zu töten oder gefangen zu nehmen, wäre der Krieg damit praktisch bereits entschieden. Ein deutlicher Sieg würde außerdem von vielen Kemi als ein Zeichen verstanden werden, dass Boron auf Rhôndas Seite steht und ihren Thronanspruch unterstützt.

Das Ziel der Kemi: Chanya al'Plâne weiß um das Risiko einer offenen Schlacht mit Rhôndas Anhängern und den kampferprobten Truppen Oderins. Sie ist jedoch entschlossen, das Wagnis einzugehen, um den Vormarsch des Boronszuges nach Süden zu stoppen. Chanya baut darauf, dass Prinzessin Rhônda es sich nicht nehmen lassen wird, persönlich an der Schlacht teilzunehmen. Ihr Ziel ist es, Rhônda zu töten, koste es, was es wolle. Sie hofft, dass der Boronszug ohne Rhônda als Galionsfigur kaum mehr Unterstützer unter den Kemi finden wird und es dann gelingen kann, die Al'Anfaner als feindselige Besatzer zu brandmarken und über kurz oder lang zu vertreiben.

Oderins Dilemma: Die schwergerüsteten Elitetruppen des Schwarzen Generals sind zwar den meisten Kämpfern der Kemi überlegen, im Dschungel und auf dem morastigen Boden um Mehat aber langsam und schwerfällig. Seine leichten Truppen und die Plänkler sind zu einem großen Teil wenig kampferfahren und daher nur bedingt zuverlässig. Es fehlt ihnen an der nötigen Disziplin, um auch in überraschenden Situationen mit kühlem Kopf zu reagieren, sodass sie sich leicht vom Gegner reizen und in Hinterhalte locken lassen. Oderin weiß, dass er sich keine Niederlage auf dem Schlachtfeld leisten kann, ohne dass sein Nimbus als überragender Feldherr Schaden nimmt.

Chanyas Dilemma: Die Kemi sind zahlenmäßig unterlegen und können sich in Mehat keinen verlustreichen Abnutzungskampf leisten. Zudem weiß Chanya durch ihre Späher, dass Oderin Unterstützung von den Anhängern Rhôndas aus dem Süden erwartet und über kurz oder lang auch mit weiterem Truppennachschub aus Yleha rechnen kann. Langfristig kann die aranische Löwin den Kampf nicht gewinnen. Gelingt es ihr, Rhônda zu töten, spielt das für sie keine Rolle mehr, aber wenn sie damit scheitert, bleibt ihr nur der Rückzug.

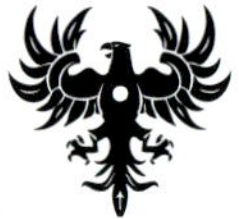

Haben die Heldinnen während ihres Kundschaftereinsatzes die Gelegenheit genutzt, der Vorhut der Kemi einige strategisch günstige Orte in die Hände fallen zu lassen, verfügen Chanyas Truppen am zweiten und dritten Tag der Schlacht über eine vorteilhaftere Ausgangsposition. Das al'anfanische Heer muss bei dem Versuch, diese Stellungen zurückzuerobern, einen hohen Blutzoll zahlen.

Das Heer der Al'Anfaner

Das Heer unter dem Befehl von Oderin du Metuant und Prinzessin Rhônda besteht sowohl aus al'anfanischen Eliteeinheiten als auch aus den Anhängern der Prinzessin, frisch angeworbenen Söldnern und Freiwilligeneinheiten. Oderin und Rhônda haben sich darauf verständigt, ihre Stärken zu kombinieren. Während der Schwarze General als erfahrener Stratege die Geschicke der Schlacht vom Feldherrenhügel aus lenkt, kämpft Rhônda, gut bewacht von ihrer Leibwache, an vorderster Front, um ihren Mut unter Beweis zu stellen und ihre Anhänger zu motivieren.

Die Ausrüstung der Al'Anfaner ist in gutem Zustand, wenn auch bei den neu aufgestellten Truppenteilen von

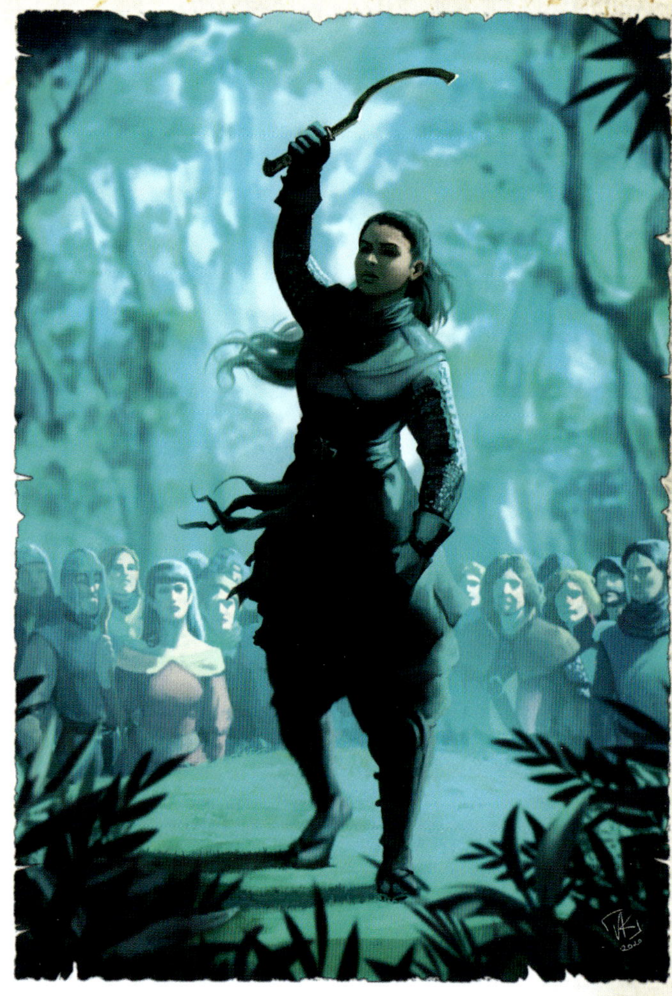

deutlich einfacherer Machart als bei den Eliteverbänden. Zwar sind viele Soldaten durch den vorangegangenen viertägigen Marsch erschöpft, Stimmung und Moral sind aber meist gut und von Siegesgewissheit und Vertrauen in das militärische Genie des Schwarzen Generals geprägt. Eine Ausnahme bilden lediglich die Soldaten aus Sylla, die nur widerwillig unter dem al'anfanischen Banner kämpfen, und die Angehörigen einiger kleinerer Söldnereinheiten, die enttäuscht sind, das ihnen bisher jede Möglichkeit zum Plündern verwehrt wurde.

Nachfolgend findest du eine Übersicht über die teilnehmenden Verbände. Dies soll es dir als Meisterin erleichtern, bei Bedarf Szenen während der Schlacht auszugestalten und anzupassen. Die angegebenen Zahlen bei der Truppenstärke sind jeweils Richtwerte. Auf dem Papier umfasst ein Banner (bzw. eine Kompanie oder berittene Schwadron) 50 Soldaten, durch vorangegangene Kämpfe und unregelmäßig eintreffenden Truppennachschub liegt die reale Zahl bei den meisten Einheiten jedoch darunter. Werte für die Streiter beider Seiten findest du im Anhang (siehe Seite **61**).

Schwarze Garde

Die Schwarze Garde ist eine Eliteeinheit, die Oderin du Metuant persönlich unterstellt und seiner Person verbunden ist. Es gilt als besondere Ehre und Auszeichnung, in diese Truppe berufen zu werden, denn es heißt, der Schwarze General treffe die Auswahl höchstpersönlich. Dementsprechend ist die bedingungslose Treue und Ergebenheit dieser Kämpfer, die auch Oderins persönliche

Leibwache stellen, über jeden Zweifel erhaben. Die Kämpfer der Garde sind mit schwarzer Platte und einer Sturmhaube mit schwarzem Schweif gerüstet. Die meisten kämpfen mit Sklaventod und Schild, einige führen auch den Schnitter.
Kommandantur: Oderin du Metuant, vertreten durch Subcommandanta Folsina Pelocores (seit dem Attentat in Yleha mit Brandnarben übersät)
Feldzeichen/Symbol: bulliger schwarzer Hund auf Silber
Stärke: 3 Banner Schweres Fußvolk

Dukatengarde

Die Dukatengarde zählt zu den bekanntesten Einheiten Al'Anfas und ihr Ruf lockt Rekruten aus ganz Aventurien an. Tatsächlich rekrutiert die Garde aber nur jene Söldner, die zuvor in anderen Kontingenten ihre Loyalität bewiesen haben, sodass sich in ihren Reihen ausschließlich gut ausgebildete Berufskämpfer finden. Die Mitglieder der Dukatengarde sind anhand ihrer goldverzierten Helme und der Bewaffnung mit dem beidhändig geführten Großen Sklaventod leicht zu erkennen.
Kommandantur: Capitan Emano Gurvanez-Kugres (risikofreudiger Grandenspross)
Feldzeichen/Symbol: goldene Scheibe auf schwarzem Grund
Stärke: 1 Kompanie schweres Fußvolk

Al'Anfanische Fremdenlegion

Die Fremdenlegion zählt zu den ältesten und traditionsreichsten Kontingenten des Imperiums und ist eine reine Kriegseinheit. Es heißt, von Fremdenlegionären erwarte man keine persönliche Loyalität zu Al'Anfa, sondern nur eiserne Disziplin. Zuletzt auf einen kümmerlichen Rest von zwei Reiterschwadronen zusammengeschmolzen, wurde die Einheit unter Oderin in den letzten Jahren wieder kontinuierlich aufgestockt. Die Reiter sind mit langem Kettenhemd, Lederhelm, Lederschild, Reitersäbeln und leichten Lanzen ausgerüstet.
Kommandantur: Hauptmann Harak Ongalabadi (siehe Seite **16**)
Feldzeichen/Symbol: schwarzer Wimpel
Stärke: 2 Schwadronen leichte Reiterei

Schwarzer Bund des Kor

Das Söldnerregiment wurde vor mehr als 30 Jahren für den damaligen Krieg gegen das Kemi-Reich und das Kalifat ausgehoben und bildet auch in diesem Krieg ein Rückgrat des Feldzuges. Die Einheit gilt als besonders blutrünstige Truppe und wird oft als erste eingesetzt, wenn es gilt, Befestigungen oder feindliche Schiffe zu stürmen, auch um die Gardetruppen zu schonen. Allerdings herrscht eine hohe Fluktuation innerhalb des Regiments, da verdiente Veteranen nicht selten für die Dukatengarde oder die Schwarze Garde rekrutiert und die freien Plätze auf der Soldliste dann mit Frischlingen aufgefüllt werden. Die einzelnen Kompanien sind an ihrer Farbe zu erkennen und entweder als leichtes Fußvolk (Säbel, Entermesser, Sklaventod) oder Schützen (Armbrust und Seitenwaffe) bewaffnet und für den Feldzug mit Lederrüstungen oder kurzen Kettenhemden ausgestattet.
Kommandantur: Oberst Nostromo Fontanoya (greiser Befehlshaber, dem Marsch und Dschungelklima zu schaffen machen)
Feldzeichen/Symbol: schwarzer Panther
Stärke: 3 Kompanien leichtes Fußvolk (Rote, Gelbe und Braune Kompanie) und 2 Kompanien Armbrustschützen (Blaue und Grüne Kompanie)

Boronszug-Regiment

Der Boronszug wurde bewusst mit großen Gesten inszeniert, um Begeisterung auch unter den armen Bewohnern Al'Anfas zu wecken. Viele Fanas, bei denen die Botschaft vom göttergewollten Krieg auf fruchtbaren Boden gefallen ist, sind zu den Fahnen geströmt; die einen aus neu geweckter Boronfrömmigkeit, die anderen in der Hoffnung auf Reichtümer oder ein besseres Leben im befreiten Kemi-Land. Um die Kampfkraft der erprobten Einheiten nicht zu verwässern, hat der Schwarze General entschieden, diese unerfahrenen und schlecht ausgestatteten Freiwilligen in eigenen Bannern innerhalb eines neu aufgestellten „Boronszug-Regiments" zu bündeln. Die Kampfkraft dieser Einheiten ist nicht besonders groß, sodass sie häufig für Garnisonsaufgaben und mitunter aber auch als entbehrliche Truppen in der ersten Schlachtreihe eingesetzt werden.
Kommandantur: Capitana Malane Treufreund (ehrgeizige Veteranin der Dukatengarde)
Feldzeichen/Symbol: goldenes Schwert auf schwarzem Feld
Stärke: 2 Banner leichtes Fußvolk/Plänkler

Ordensleute des Heiligen Laguan

Den harten Kern von Rhôndas Truppen bilden Ordensleute der Laguaner, die im Laufe der Jahre, unzufrieden über die Verwässerung der Glaubensdoktrinen, der Prinzessin die Treue geschworen haben. Diese mit Hartholzharnischen und Sichelschwertern gerüsteten Elitekämpfer kämpfen stets Seite an Seite mit ihrer Ordensschwester Rhônda und greifen immer dort ein, wo der Kampf besonders kritisch wird.
Kommandantur: Prinzessin Rhônda IX.
Feldzeichen/Symbol: Ordenssiegel des Heiligen Laguan
Stärke: 1 Banner schweres Fußvolk

Kemi-Regiment

Das Regiment wurde erst kurz vor Beginn des Krieges aufgestellt, um den Grundstock eines künftigen, Prinzessin Rhônda gegenüber loyalen Kemi-Heeres zu bilden. Nach außen hin tritt die Streitmacht als Gardeeinheit auf, tatsächlich aber handelt es sich bei den Kämpferinnen und Kämpfern, die sich dort versammelt haben, um ein buntes Gemisch aus Exil-Kemi, Überläufern, Söldnern und den abgebrühten Dschungelkämpfern, die Rhôndas Guerillakampf in Anûr schon seit vielen Jahren unterstützen. Bewaffnung und Ausrüstung des Regiments sind uneinheitlich, mehrheitlich handelt es sich um leichtes Fußvolk, es sind jedoch auch einige Schwergerüstete und Schützen darunter. Während die

an den anderen Kriegsschauplätzen eingesetzten Kämpfer des Regiments meist wenig erfahren sind, dienen in den vier Bannern, die Rhônda bei sich behalten hat, viele Veteranen und erfahrene Dschungelkämpfer.
Kommandantur: Rachalton Peccator (düsterer Kemi-Exilant und langjähriger Vertrauter der Prinzessin, trotz seiner fast wahnhaften Fixierung auf Buße und Sündhaftigkeit ein meisterlicher Heerführer)
Feldzeichen/Symbol: fliegender Rabe
Stärke: 1 Banner schweres Fußvolk, 2 Banner leichtes Fußvolk, 1 Banner Schützen

Söldner in Diensten der Prinzessin

Zusätzlich zu ihren Haustruppen verfügt Rhônda über mehrere Söldnerkompanien, die mit al'anfanischem Gold bezahlt werden. Etwa 100 dieser Söldner befinden sich am östlichen Kriegsschauplatz und nehmen an der Schlacht von Mehat teil.
Kommandantur: Capitan Monthu Alondros (abgebrühter Exil-Kemi, der im letzten Krieg noch gegen die Al'Anfaner gekämpft hat)
Feldzeichen/Symbol: unterschiedlich
Stärke: 2 Kompanien leichtes Fußvolk

Weitere Söldner

In al'anfanischen Diensten kämpft eine Reihe kleinerer Söldnereinheiten aus Mirham, Chorhop und Mengbilla, die über unterschiedliche Kampfkraft, Ausrüstung und Erfahrung verfügen. Oderin vertraut der Zuverlässigkeit dieser Truppen nur bedingt, weshalb er sie bevorzugt als Plänkler oder zur Bewachung des Trosses einsetzt.
Kommandantur: ein halbes Dutzend Hauptleute, Oberst Fontanoya vom Schwarzen Bund des Kor unterstellt
Feldzeichen/Symbol: unterschiedlich
Stärke: insgesamt etwa 4 Banner leichtes Fußvolk, einige Schützen und Schleuderer

Die Syllaner

In dem von Al'Anfa besetzten Sylla wurde ein Freiwilligenbanner rekrutiert, um den Feldzug zu unterstützen. Nachdem sich auf den ersten Aufruf zunächst nur wenige Frauen und Männer meldeten, sah sich der dortige Statthalter gezwungen, nachzuhelfen, um die geforderte Truppenstärke aufzubringen. So finden sich in dem Banner auch manche in Dienst gepresste Bewohner der Stadt und zahlreiche Insassen der Kerker, meist ehemalige Freibeuter, denen für ihre Teilnahme am Boronszug eine Begnadigung in Aussicht gestellt wurde. Die Moral innerhalb der Einheit ist schlecht und viele der Kämpfer hegen insgeheim mehr Sympathie für die Kemi als für die Al'Anfaner, an deren Seite sie kämpfen sollen. Oderin weiß um dieses Problem, ahnt aber nicht, wie weit es tatsächlich reicht. Die Syllaner werden im Laufe der Schlacht zu Chanyas Truppen überlaufen (siehe Seite **55**).
Kommandantur: Capitana Zulhamin Pirkarem (siehe Seite **55**)
Feldzeichen/Symbol: gekreuzte goldene Entermesser auf türkisfarbenem Grund
Stärke: 1 Banner leichtes Fußvolk

Geweihte und Magier

In Oderins Stab befinden sich fünf Borongeweihte und Novizen des Al'Anfaner Ritus, darunter Odilo Kugres-Estrazar (siehe Seite **12**) und Mutter Corvina (siehe Seite **12**). Prinzessin Rhônda wird von zwei Borongeweihten des kem'schen Ritus begleitet. Ebenfalls vor Ort ist die Korgeweihte Morisca (siehe Seite **15**), die, nachdem sie sich über Nacht von der Vergiftung am Vortag erholt hat, wieder an vorderster Front kämpft.
Unter dem Befehl von Quintilian Kalando-Paligan (siehe Seite **24**) unterstützen ein Seekriegsmagier und zwei magische Leibwächter von der Halle der Erleuchtung Oderins Heer mit arkanen Mitteln.

Tross

Dem al'anfanischen Heer folgt ein Tross von rund 300 Personen, darunter Träger und Köche, Schmiede und Heiler, Hübschlerinnen und Sklaven sowie einige Sklavenfänger. Hinzu kommen etwa 50 Packtiere (vor allem Maultiere und Esel) und acht große Wagen zum Transport von Vorräten und Verwundeten. Aus Mangel an Platz lässt Oderin den Tross vor und während der Schlacht entlang des Militärpfades lagern, sodass die Trossleute über ein längeres Wegstück verteilt warten und anfangs nur leicht bewacht werden. Sie sind dadurch ein willkommenes Ziel für die Kundschafter und Störangriffe der Kemi. Der Befehl über die Nachhut und damit auch über den Tross liegt bei Oberst Nostromo Fontanoya (siehe oben), der sich während des Kampfes um Mehat jedoch ganz auf das Schlachtgeschehen konzentriert und erst spät reagiert, als er von Angriffen auf den Tross erfährt.

Das Heer der Kemi

Die Streitmacht der Kemi wird von Chanya al'Plâne kommandiert, die dabei von ihren beiden Stellvertreterinnen ♜ *Quenadya Mes'kha-rê* (siehe Seite **39**) und ♜ *Jesabella Bajan* (siehe Seite **39**) unterstützt wird. Chanya ist es gewohnt, ihre Truppen an der Frontlinie zu führen, und schreckt nicht davor zurück, sich auch selbst ins Schlachtgetümmel zu stürzen, um ihre Kämpfer zum Sieg zu führen. Dafür wird sie von ihren Truppen verehrt, muss manchmal aber auch von ihren Vertrauten zurückgehalten werden, um kein zu großes Risiko einzugehen.
Chanya hat zur Abwehr der Invasion alle verfügbaren Waffenfähigen zusammengezogen. Die Truppen unter ihrem Befehl sind eine bunte Mischung aus erfahrenen Soldaten, enthusiastischen Freiwilligen, Söldnern und Kriegern von verbündeten Waldmenschenstämmen. Im Heer der Kemi sind Ausrüstung und Vorräte knapp und viele der Kämpfer nach dem Gewaltmarsch nach Osten erschöpft. Dafür sind die meisten Soldaten nach den Siegen über die Heere von General Sinthium und Generalin Zornbrecht am westlichen Kriegsschauplatz hochmotiviert und haben großes Vertrauen in das Schlachtenglück der aranischen Löwin.

Ordensleute des Heiligen Laguan
Die Ritter und Ritterinnen des Raben haben sich dem Schutz des Kemi-Reiches und des dortigen Boronglaubens verschworen. Die Ordensleute zählen zu den verlässlichsten und gefährlichsten Kämpfern unter Chanyas Truppen und werden nicht selten dort eingesetzt, wo die Schlacht am heftigsten tobt.
Kommandantur: Serija van Doorn (Marschallin des Laguaner-Ordens, Veteranin aus den Kriegen gegen die Brabaker und Al'Anfaner)
Feldzeichen/Symbol: Ordenssiegel des Heiligen Laguan
Stärke: 1 Banner schweres Fußvolk

Neseruken-Garde
Die Mitglieder dieser Elitetruppe sind handverlesen und stellen auch die Leibgarde der Nisut. Da die verletzte Königin Ela nicht an den Kämpfen teilnehmen kann, sind die Gardisten derzeit Chanya unterstellt. Ähnlich wie die Ordensleute werden sie in der Schlacht dort zum Einsatz gebracht, wo es gilt, eine Bresche zu halten oder einen Sturmangriff anzuführen.
Kommandantur: Chanya al'Plâne
Feldzeichen/Symbol: Siegel Königin Elas
Stärke: 1 Banner schweres Fußvolk

Garnisonstruppen
Um den Vormarsch der Al'Anfaner aufzuhalten, haben die Kemi die Besatzungen der kleinen, quer über das Land verteilten Forts und Stützpunkte zusammengezogen. Zwar befinden sich unter diesen Soldaten nur wenige Schwergerüstete, doch verfügen die meisten von ihnen über Kampferfahrung gegen Banditen, Freibeuter oder feindselige Waldmenschenstämme. Sie sind es gewohnt, einer Übermacht standzuhalten und die Fährnisse des Dschungels zu ihrem Vorteil zu nutzen.
Kommandantur: Generalin Jesabella Bajan (siehe oben)
Feldzeichen/Symbol: schwarzer Rabenkopf über gekreuzten Schwertern auf Silber
Stärke: 4 Banner leichtes Fußvolk, 2 Banner Schützen

Freiwillige
Während Rhôndas Boronszug von einigen Kemi als Befreiung empfunden wurde, hat die Landung der Prinzessin und ihrer al'anfanischen Verbündeten andernorts die Einheimischen dazu bewegt, zu den Waffen zu greifen, um sich dem als Invasion empfundenen Vormarsch entgegenzustellen. Die Kriegsfreiwilligen besitzen weder einheitliche Bewaffnung noch Ausrüstung, die meisten von ihnen sind außerdem wenig kampferfahren. Ihre Moral ist jedoch überdurchschnittlich hoch.
Kommandantur: Generalin Quenadya Mes'kha-rê (siehe oben)
Feldzeichen/Symbol: keines
Stärke: 3 Banner leichtes Fußvolk/Plänkler

Brabaker Söldner
Das mit dem Kemi-Reich verbündete Königreich Brabak hat bisher keine regulären Truppen entsandt, da noch nicht absehbar ist, wie weit der al'anfanische Angriff reicht und weil man um die eigenen Grenzen fürchtet. Als Zeichen der Unterstützung kämpfen allerdings von Brabak bezahlte Söldner in Chanyas Reihen.
Kommandantur: Capitan Morisys Vald'Han (großspuriger Glücksritter)
Feldzeichen/Symbol: rote Harpyie mit Säbeln in den Fäusten
Stärke: 2 Banner leichtes Fußvolk

Merit-Banner
Nach der verheerenden Niederlage des westlichen Stoßkeils am Merit-Fluss sind einige der Kemi, die zuvor unter dem Befehl von General Sinthium auf Rhôndas Seite gekämpft haben, zu Chanyas Truppen übergelaufen. Die Ausrüstung und Kampfkraft dieser Soldaten ist gering, hinzu kommt, dass viele der anderen Soldaten den Angehörigen des Merit-Banners nicht vertrauen. Chanya setzt das Merit-Banner daher vor allem für Wach- und Unterstützungsaufgaben ein. Erfährt Prinzessin Rhônda von der Existenz der Einheit, wird sie alles daransetzen, sie zum Kampf zu stellen, um die Überläufer für ihren Verrat zu bestrafen.
Kommandantur: Bannerführerin Már'bonefer Zertoba (ehemalige Söldnerin mit flexibler Moral, dschungelkundig, aber übervorsichtig)
Feldzeichen/Symbol: blauer Streifen auf grünem Feld
Stärke: 1 Banner leichtes Fußvolk

Keke-Wanaq
An der Seite der Kemi kämpfen zahlreiche Kriegerinnen verbündeter Waldmenschensippen vom Stamm der Keke-Wanaq, die sich meist in kleinen Trupps von 10 bis 15 Kriegerinnen bewegen. Sie kennen sich im Dschungel hervorragend aus und verstehen es, sich lautlos zu bewegen, weshalb Chanya sie vor allem für Hinterhalte und schnelle Flankenangriffe einsetzt.
Kommandantur: Häuptling Ho-Iaya-Yo (als Sprecher der beteiligten Anführerinnen und Häuptlinge)
Feldzeichen/Symbol: keines
Stärke: insgesamt etwa 200 Krieger (Kundschafter/Plänkler)

Geweihte und Magier
Chanyas Heer wird von einem Borongeweihten und zwei Novizen des kem'schen Ritus begleitet. Sie verfügt außerdem über zwei Magier, die sie jedoch defensiv einsetzt und die in erster Linie dann zur Tat schreiten, wenn es gilt, magische Angriffe der Al'Anfaner abzuwehren. Unter den Kämpfern der Keke-Wanaq befinden sich ein halbes Dutzend Schamanen und Animisten.

Tross
Das Heer der Kemi verfügt nur über einen kleinen Tross, der hauptsächlich aus Heilkundigen, einigen Handwerkern und etwa 20 Packtieren besteht. Dafür ist diese Gruppe leichter beladen und deutlich beweglicher als der al'anfanische Tross. Auch verstehen sich die meisten Trossangehörigen darauf, sich notfalls selbst ihrer Haut zu erwehren. Der Tross untersteht dem Befehl der Generalin Quenadya Mes'kha-rê, die den Tross während der Schlacht aber weitgehend sich selbst überlässt.

Ereignisse der Schlacht

Der folgende Überblick gibt den Ablauf der Schlacht wieder, wie sie ohne ein Eingreifen der Heldinnen verläuft. Zwar ist der grundsätzliche Ausgang der Schlacht von Mehat im Rahmen der Kampagne festgelegt, viele Details liegen aber in der Hand der *Rabenkrallen* und können von diesen beeinflusst werden. Da die Umgebung von Mehat, von wenigen gerodeten Bereichen abgesehen, von dichtem Dschungel beherrscht wird, ist die Fläche, auf der sich die Truppen in einem offenen Schlagabtausch begegnen können, sehr begrenzt. Der Verlauf der Schlacht ist dadurch unübersichtlicher und die Kämpfe dauern deutlich länger als bei einer offenen Feldschlacht, auch weil beide Seiten ein Interesse daran haben, ihre Kräfte nicht unnötig zu zermürben.

- *14. Hesinde*: Nachdem die Heldinnen von der eintreffenden Hauptstreitmacht abgelöst wurden, kommen die Kampfhandlungen bald zum Erliegen. In der Nacht (während die Heldinnen unterwegs sind, um Said und das Schwert zu suchen) gibt es nur vereinzelte Zusammenstöße zwischen kleineren Spähtrupps, die versuchen, die Stärke der gegnerischen Streitmacht auszumachen.
- *15. Hesinde*: Am Morgen machen sich die Streiter auf beiden Seiten kampfbereit. Die Heerführer informieren ihre Offiziere über den Schlachtplan, die diesen wiederum an ihre Soldaten weitergeben. Es herrscht eine drückende, schwüle Hitze und die Stimmung unter den Kämpfenden ist angespannt. Kurz nach dem ersten, heftigen Aufeinandertreffen der beiden Heere entlädt sich ein schweres Gewitter mit Blitzen und Donnergrollen, dem ein sintflutartiger Wolkenbruch folgt. Der Bach schwillt rasch an und tritt über die Ufer. Das gesamte Schlachtfeld verwandelt sich in eine morastige Schlammlandschaft. Die Heerführer erkennen bald, dass eine Fortsetzung der Kämpfe unter diese Bedingungen kaum möglich ist und ziehen ihre Truppen zunächst zurück.
- Viele Söldnerinnen und Soldaten auf beiden Seiten deuten das plötzliche Gewitter als ein Omen Rondras. Die Auffassungen über die Bedeutung dieses Zeichens der donnernden Sturmherrin gehen jedoch weit auseinander. Oderin, Rhônda und Chanya, die um den weit verbreiteten Aberglauben innerhalb ihrer Einheiten wissen, beschließen, an diesem Tag nicht mehr zu kämpfen und beschränken sich darauf, Pläne für den nächsten Tag zu schmieden.
- *16. Hesinde*: Oderin lässt seine Truppen antreten und ihnen ihre Positionen zuweisen. Durch die beengten Verhältnisse zieht sich die Aufstellung einige Zeit lang hin. Er positioniert seine Söldner, darunter die Dukatengarde und die Kompanien des Schwarzen Bunds des Kor, im Zentrum des Schlachtfeldes, auf und unterhalb des Holzhügels. An der linken Flanke, südlich des Dorfes, sammeln sich Rhôndas Truppen; die Reihen ihrer Kämpfer reichen bis in den Dschungel hinein. Im Norden, wo Oderin keine größeren Kampfhandlungen erwartet, bilden die Freiwilligen des Boronszug-Regiments und des Banners aus Sylla die rechte Flanke. Die Schwarze Garde und die Fremdenlegion hält der Schwarze General als Reserve zurück.
- Auch die Kemi stellen sich zur Schlacht auf und nutzen dabei nach Möglichkeit die Deckung, die ihnen der Dschungel bietet, um die Al'Anfaner über ihre genaue Zahl im Unklaren zu lassen. Chanya verfügt über gute Kenntnis des Geländes und stellt ihre erfahrensten Kämpfer im Zentrum auf, um Oderin den Weg nach Süden und Westen zu versperren. Gleichzeitig sendet sie die Söldner

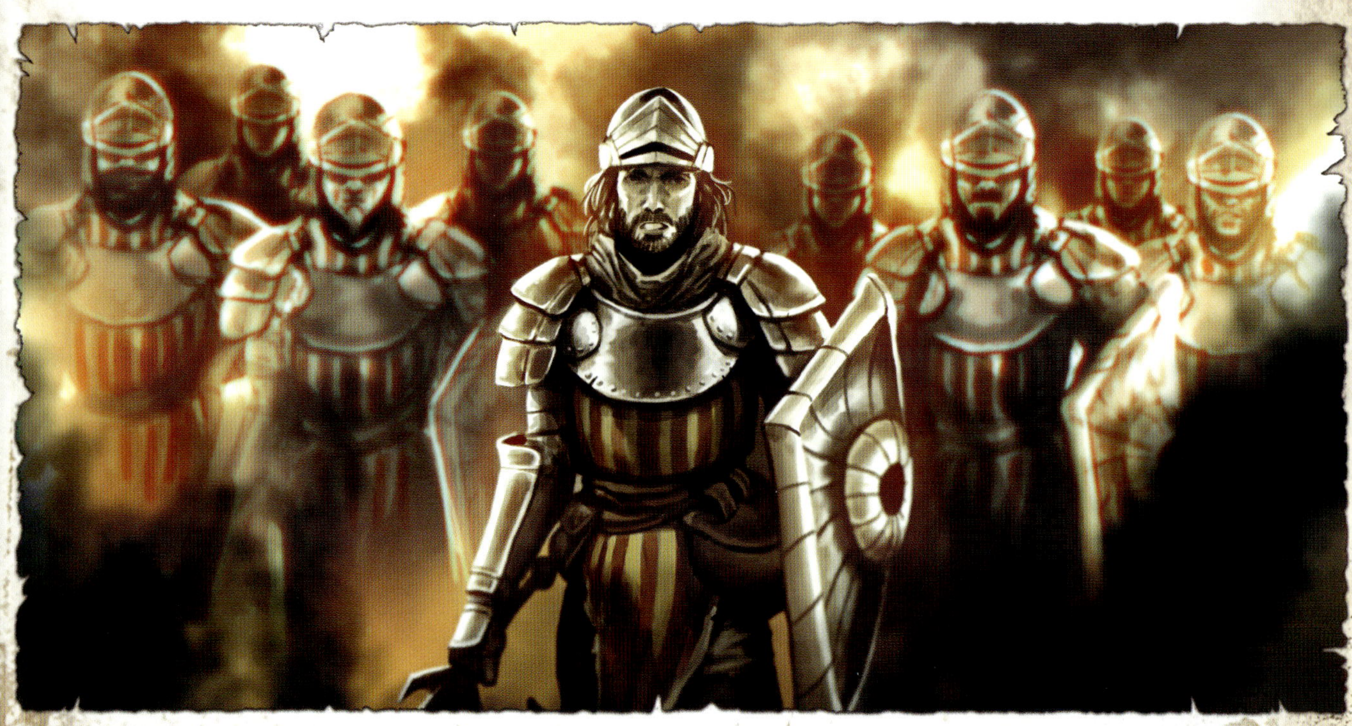

aus Brabak und die Krieger der Keke-Wanaq aus, um die Schlachtreihe der Al'Anfaner zu umgehen und diesen im Norden und Süden in die Flanke zu fallen.

- Nachdem zuvor nur vereinzelt Pfeile und Beleidigungen ausgetauscht wurden, beginnt am Vormittag die Schlacht, als Rhônda die linke Flanke südlich des Dorfes vorrücken lässt. Fast zeitgleich startet ein Trupp der Keke-Wanaq einen ersten Überfall auf den al'anfanischen Tross und versucht, die Packtiere in Panik zu versetzen.
- Nach mehreren kleineren Geplänkeln kommt es am Mittag in und um Mehat zu einem Aufeinandertreffen der beiden Hauptmächte. Oderin versucht eine Entscheidung zu erzwingen, indem er seine Schwergerüsteten vorrücken und das Zentrum von Chanyas Linien frontal angreifen lässt. Die Al'Anfaner stehen kurz davor, die Schlachtreihe der Kemi zu durchbrechen, als die an der rechten Flanke eingesetzten Kämpfer aus Sylla geschlossen zu Chanyas Truppen überlaufen und sich gegen die Al'Anfaner wenden. Die im Norden im Dschungel ausharrenden Freiwilligen des Boronszug-Regiments drohen, vom Rest der Streitmacht abgeschnitten zu werden und geraten in Panik. Oderin erkennt die Gefahr und reagiert umgehend. Er lässt die Truppen im Zentrum anhalten und entsendet gleichzeitig die Fremdenlegion nach Norden, um seine Flanke zu retten.
- Bis zum Nachmittag hat keine der beiden Seiten einen entscheidenden Geländegewinn errungen. Die Soldaten auf beiden Seiten sind erschöpft, sodass die Heerführer ihren Truppen während der Stunden der größten Nachmittagshitze eine Pause gönnen, die jedoch immer wieder von kleineren Nadelstichangriffen unterbrochen wird. Die Al'Anfaner sind zwar zahlenmäßig überlegen, bieten durch den großen Tross aber auch mehr Angriffsfläche für plötzliche Überfälle.
- Nachdem die Mittagshitze vorüber ist, rückt Prinzessin Rhônda an der Spitze ihrer Truppen gegen Chanyas südliche Flanke vor. Es entspinnt sich ein heftiges Handgemenge, bei dem sich die Kämpfer zunehmend ineinander verkeilen. Chanya schickt die Neseruken-Garde, um die Prinzessin und ihre Leibwache zu erschlagen. Doch ehe dies gelingen kann, treffen Oderins Reserven ein und die Schwarze Garde treibt die Neseruken zurück.
- Am frühen Abend muss Chanya erkennen, dass die Al'Anfaner die Oberhand gewonnen haben. Sie zieht ihre Kämpfer in die Dschungel westlich von Mehat zurück. Als sie erfährt, dass das Fort am Gereh-Pass gefallen ist und weitere Gegner aus Richtung Süden unterwegs sind, tritt ihr Heer im Schutz der hereinbrechenden Nacht den Rückzug an. Die Truppen von Oderin und Rhônda sind zu erschöpft, um den Feind unmittelbar verfolgen zu können.

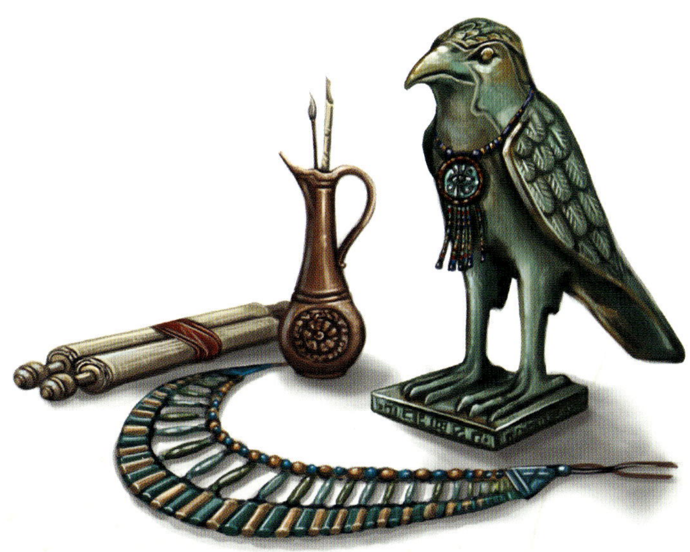

Die Helden in der Schlacht

Die *Rabenkrallen* werden unmittelbar nach ihrer Rückkehr zu Oderin vorgelassen, der sein Feldherrenzelt auf dem Holzhügel errichtet hat, der sich zu diesem Zeitpunkt (wieder) in al'anfanischer Hand befindet. Der Schwarze General befielt den *Rabenkrallen*, ihren Rapport so knapp wie möglich zu halten, für einen ausführlichen Bericht sei später noch genug Zeit. Sodann beauftragt er die Helden, unverzüglich eine dringliche Nachricht zu Prinzessin Rhônda zu bringen, die mit ihren Soldaten an der südlichen Flanke des Heeres Chanyas Schlachtreihe belauert. Er hat bereits zwei Ordonanzen ausgeschickt, um Rhônda über einen bevorstehenden Angriff zu informieren, der ihr die nötige Ablenkung verschaffen soll, um ihrerseits erfolgreich gegen Chanyas Flanke vorgehen zu können. Doch beide Boten scheinen auf dem Weg feindlichen Bogenschützen zum Opfer gefallen zu sein.

Der Kampf auf dem Schlachtfeld
Die Aussicht auf eine mehrstündige Schlacht nach den üblichen Kampfregeln wird nicht bei allen Spielern Begeisterung wecken. Hinzu kommt, dass die Helden bei den vorhergehenden Ereignissen bereits einige Kämpfe bestreiten mussten und vermutlich nicht im Vollbesitz ihrer Kräfte sind. Eine Möglichkeit, damit umzugehen, besteht darin, die Ereignisse der Schlacht von Mehat nur schlaglichtartig zu beschreiben und lediglich die Szenen im Detail auszuspielen, in denen die Helden tatsächlich Taten von entscheidender Bedeutung vollbringen können.

Eine Botschaft für die Prinzessin

Der Auftrag, die Nachricht zu Rhônda zu bringen, birgt manche Herausforderung. Zunächst gilt es festzustellen, wo genau sich die Prinzessin befindet, da der von ihr befehligte linke Flügel der Streitmacht im Laufe der Kämpfe immer weiter in den dicht bewachsenen Dschungel südlich von Mehat vorgedrungen ist. Die Sichtweite beträgt nur wenige Meter und selbst die Kämpfer von Rhôndas Regiment, denen die Helden auf dem Weg begegnen, können ihnen zunächst nur grobe Hinweise geben, in welcher Richtung sie die Prinzessin finden können.

Bemerken Chanyas Soldaten, dass die *Rabenkrallen* sich in kleiner Gruppe durch den Dschungel bewegen und möglicherweise eine wichtige Nachricht bei sich tragen, werden sie alles daransetzen, diese zu erbeuten. Die Kampflinie verläuft im Dschungel sehr unübersichtlich, sodass es leicht geschehen kann, dass die Helden sich ungewollt zu nah an den Feind heranbewegen. Zudem sieht man es den Kemi, die im Unterholz die Stellung halten, nicht immer auf den ersten Blick an, ob sie Prinzessin Rhônda oder ihrer Schwester Königin Ela die Treue halten.

Je nachdem, zu welcher Zeit die Helden die Prinzessin erreichen, ist diese gerade in heftige Kämpfe verstrickt. Möglicherweise wurde sie sogar gemeinsam mit einigen ihrer Leibwächter von den eigenen Truppen abgeschnitten und ist umringt von feindlichen Soldaten, sodass die *Rabenkrallen* sich erst einmal einen Weg zu ihr bahnen müssen.

Die horasische Variante

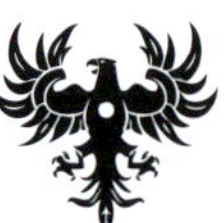

Helden, die das Abenteuer auf Seiten des Horasreiches bestreiten, bietet der Weg zur Prinzessin die Gelegenheit, im umkämpften Dschungelgebiet an einen Trupp von Chanyas Soldaten zu geraten und diesen die Nachricht (absichtlich) in die Hände fallen zu lassen. Die Kemi werden so vor dem bevorstehenden Angriff gewarnt und haben Gelegenheit, sich vorzubereiten.

Heldentaten während der Schlacht

Je nachdem, wie lange die Helden durch die vorangegangenen Ereignisse aufgehalten wurden und wie sehr sie sich auf dem Rückweg beeilt haben, treffen sie bereits am Vormittag oder erst im Laufe des Nachmittags wieder in Mehat ein. Nachdem sie ihren unmittelbaren Auftrag erfüllt haben, können sie noch einiges tun, um den Verlauf der Kämpfe zu beeinflussen. Nachfolgend sind Möglichkeiten beschrieben, auf welche Weise sich die Helden während der Schlacht hervortun können. Du kannst einzelne oder alle der vorgeschlagenen Szenen nutzen und sie gegebenenfalls um eigene Ideen ergänzen. Der zuvor geschilderte beispielhafte Ablauf der Schlacht kann dir als Orientierung dienen, wobei es problemlos möglich ist, die Ereignisse so anzupassen, dass die Helden die entsprechende Szene unabhängig vom genauen Zeitpunkt ihrer Rückkehr erleben können.

Heldenmut und Tollkühnheit
Manche Spieler neigen dazu, ihre Helden stets ins dichteste Getümmel zu schicken und jeden Feind frontal anzugreifen. In vielen Situationen mag das tatsächlich die Vorgehensweise der Wahl sein, etwa wenn es gilt, eine Räuberbande oder ein Rudel Wölfe zu stellen. Eine große Schlacht lässt sich dagegen auch von den tollkühnsten Helden nicht im Alleingang gewinnen. Keine Heldengruppe ist gut damit beraten, sich ohne Verstärkung in die Schlachtreihen des Feindes zu werfen. Die Wahrnehmung dessen, was in einer Situation eine angemessene, heldenhafte Aktion und was ein selbstmörderisches Risiko ist, kann zwischen Spielern und Meister aber mitunter auseinandergehen. Gib deinen Spielern gegebenenfalls einen Hinweis, wenn du den Eindruck gewinnst, dass sie kurz davor stehen, ihre Helden in aussichtslose Situationen zu manövrieren.

Rettet die Prinzessin!

Chanyas Soldaten setzten alles daran, Rhônda in der Schlacht zu töten. Bleiben die Helden nach dem Überbringen der Nachricht in ihrer Nähe, haben sie (gegebenenfalls sogar mehrfach) die Gelegenheit, die Prinzessin vor direkten Angriffen und aus der Distanz abgeschossenen Pfeilen zu bewahren und so das Wohlwollen und die Dankbarkeit Rhôndas zu gewinnen. Das Vertrauen der Prinzessin zu besitzen, ist ein Lohn, der für sie im weiteren Verlauf der Kampagne noch von Nutzen sein kann.

Sie haben es auf den Tross abgesehen!

Der nur schwach bewachte Tross und das improvisierte Lazarett der Al'Anfaner sind verwundbare Ziele, die mehrfach von kleineren Jagdtrupps der Keke-Wanaq angegriffen werden. Die Waldmenschen schleichen sich unbemerkt bis auf Pfeilschussweite heran und fallen dann über ihr Ziel her. Sie versuchen, möglichst viel Panik und Durcheinander zu erzeugen, Vorräte in Brand zu setzen und Packtiere zu erschlagen oder zu verscheuchen. Sobald al'anfanische Verstärkung naht, ziehen sie sich rasch wieder in den Dschungel zurück. Sargento ♟ *Tsalieb Mordo* (37, untersetzte Statur, kahlrasierter Schädel, akkurate Uniform, opportunistisch mit einem Gespür für Gelegenheiten zum Plündern, hasst seinen Spitznamen „Liebchen"; meisterlicher Söldner; Willenskraft 11 (15/13/13), SK 2), der die Trosswachen befehligt, hetzt mit seinen Leuten vor und zurück, aber da die Trupps der Keke-Wanaq ihre Überfälle geschickt auf verschiedene Abschnitte des lagernden Trosses verteilen, kommt er häufig zu spät, um die Angreifer noch zu erwischen.
Die *Rabenkrallen* können den Angegriffenen zu Hilfe eilen. Gelingt es ihnen, das Muster in den Überfällen der Jagdtrupps zu erkennen (Probe auf *Kriegskunst*), können sie einen Angriff abwehren, bevor er größeren Schaden anrichtet. Besonders wagemutige Helden könnten auch auf die Idee kommen, den Spieß umzudrehen und ihrerseits den Tross der Kemi zu überfallen, um den Gegner unter Druck zu setzen.

Verdammte Überläufer!

Gegen Mittag wechselt das nördlich von Mehat eingesetzte Banner der Syllaner überraschend die Seiten und läuft zu Chanyas Truppe über. Dadurch werden die beiden am nördlichen Rand der al'anfanischen Schlachtreihe positionierten Banner des Boronszug-Regiments vom Rest des Heeres abgeschnitten und sehen sich plötzlich von mehreren Seiten bedroht. Viele der zumeist wenig kampferfahrenen Freiwilligen geraten in Panik und die Offiziere verlieren die Kontrolle über ihre Soldaten. Einige stürzen in kopfloser Flucht in den Dschungel, andere igeln sich ein oder ergeben sich dem Feind, um ihr Leben zu retten. Der Schwarze General entsendet die *Rabenkrallen* zusammen mit einigen Soldaten der Fremdenlegion, um die nördliche Flanke zu unterstützen und Zeit zu gewinnen, während er seine übrigen Truppen neu formiert und die Lücke schließt, die der Verrat der Syllaner gerissen hat. Die *Rabenkrallen* können einer Reihe von Freiwilligen das Leben retten, darunter der ehemaligen Korbmattenflechterin ♟ *Jaccina* (32, kurzes schwarzes Haar, meerblaue Augen, kaut Fingernägel, abenteuerlustig, naiv; kompetente Handwerkerin, unerfahrene Soldatin; Willenskraft 7 (13/12/12), SK 1). Die junge Frau, die bereits den sicher geglaubten Tod vor Augen hatte, verliebt sich unsterblich in eine der heroischen *Rabenkrallen*. In den Tagen nach der Schlacht wird sie ihren Schwarm immer wieder schmachtend aus der Ferne beobachten, bis sie schließlich den Mut findet, ihn oder sie anzusprechen.

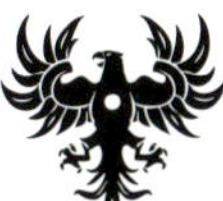

Stehen die Helden auf horasischer Seite, kann es ihr Verdienst sein, dass die Syllaner im richtigen Moment die Seite wechseln. Die *Rabenkrallen* können gegen Mittag erkennen, dass Oderins Vorstoß das Zentrum von Chanyas Reihen stark unter Druck setzt und die Kemi Stück für Stück zurückgetrieben werden. Die Capitana der Syllaner, ♟ *Zulhamin Pirkarem* (38, hager, einäugig, wortkarg; kompetente Offizierin; Willenskraft 12 (14/14/12), SK 2), steht loyal auf Seiten Al'Anfas. Auf ihren Stellvertreter, ♟ *Panfilo* (31, schulterlanges Haar mit grauen Strähnen, schiefe Zähne, draufgängerisch, charismatisch; kompetenter Pirat; Willenskraft 10 (14/13/14), SK 1), trifft das jedoch nicht zu. Der ehemalige Freibeuter hat zwei Jahre in einem al'anfanischen Kerker verbracht und hasst die Boronskrone aus tiefstem Herzen. Es genügen bereits etwas Gold oder die richtigen Worte (Probe auf *Überreden*), um ihn davon zu überzeugen, der Capitana das Entermesser in den Rücken zu stoßen, das Kommando zu übernehmen und sich gegen die Al'Anfaner zu stellen.

Beschuss aus den eigenen Reihen

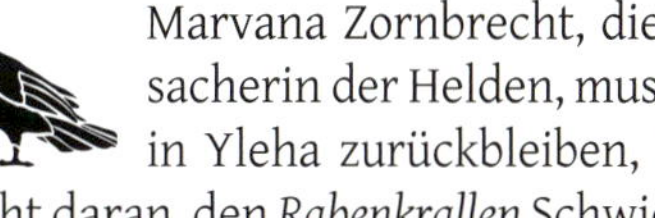

Marvana Zornbrecht, die rachsüchtige Widersacherin der Helden, musste auf Befehl Oderins in Yleha zurückbleiben, doch dies hindert sie nicht daran, den *Rabenkrallen* Schwierigkeiten zu machen. Im Tross des Heerzuges befindet sich eine Spionin in ihren Diensten. Diese hat vor der Schlacht den Armbrustschützen ♟ *Iago* (Mitte 20, schlank, Durchschnittsgesicht, faulige Zähne, unsteter Blick, gierig; kompetenter Söldner; Willenskraft 11 (13/13/11), SK 1), einen Söldner vom Schwarzen Bund des Kor, bestochen, damit er im Durcheinander der Schlacht die *Rabenkrallen* unter Beschuss nimmt. Zu einem passenden Zeitpunkt, vorzugsweise wenn die Helden sich in geeigneter Position befinden und in den Kampf mit den Kemi verstrickt sind, versucht Iago sie mit seiner Armbrust zu erwischen. Bemerken die *Rabenkrallen*, dass der Beschuss aus der falschen Richtung kommt, versucht Iago in einer größeren Söldnergruppe unterzutauchen. Gelingt es den Helden, ihn auszumachen und ihn während oder nach der Schlacht zu stellen (Probe auf *Sinnesschärfe*), entschuldigt er sich für die „verirrten Bolzen" oder behauptet, er hätte die *Rabenkrallen* im Eifer des Gefechts irrtümlich für Feinde gehalten. Unter Druck gesetzt (Probe auf *Einschüchtern*) gesteht er, dass ihn in der Nacht vor der Schlacht eine dunkelhaarige Frau aus dem Tross aufgesucht und ihm 20 Dublonen dafür gegeben hat, dass er während der Schlacht ganz bestimmte Ziele unter Beschuss nimmt. Für den Fall, dass es ihm gelingt, alle *Rabenkrallen* zu erwischen, sollte er noch einmal die doppelte Summe erhalten. Eine Suche nach der Frau bleibt wegen der ungenauen Beschreibung erfolglos. Es liegt bei den Helden, ob sie Iago seinem Vorgesetzten übergeben, ihn selbst bestrafen oder ihn mit dem Schrecken davonkommen lassen.

Der Ausgang der Schlacht

Am frühen Abend des 16. Hesinde ist die Schlacht entschieden. Nach und nach wird deutlich werden, dass der Kampf um Mehat ein entscheidender Wendepunkt des Krieges war. Prinzessin Rhônda hat die Kämpfe überlebt und geht gestärkt aus der siegreichen Schlacht hervor. Chanyas Heer ist zu stark geschwächt, um sich dem Boronszug noch einmal in offener Schlacht entgegenstellen zu können – der Weg nach Süden und damit ins Kernland des Kemi-Reiches ist frei.

Beide Seiten mussten dem grimmigen Kor einen hohen Blutzoll entrichten. Chanyas Streitmacht ist geschlagen, aber auch das Heer das Schwarzen Generals ist geschwächt und wird für Tage rasten müssen, ehe es seinen Marsch fortsetzen kann. Als der Lärm der Kämpfe abebbt, dringen die Schreie der Sterbenden und Verwundeten über das Schlachtfeld. Prinzessin Rhônda verfügt, dass die Heiler auch die verletzten Feinde versorgen sollen, die zu schwach waren, sich Chanyas Rückzug anzuschließen. In Mehat wird ein provisorisches Lazarett errichtet und bald sind die meisten Häuser des Dorfes mit Verwundeten belegt.

Unter Anleitung der Borongeweihten beginnt ein Trupp Soldaten damit, südlich des Dorfes Gräber auszuheben und die Toten zu bestatten, ehe die Aasfresser des Dschungels sich über die Leichen hermachen. Bieten die *Rabenkrallen* ihre Unterstützung an, können sie hier die Borongeweihte Corvina (siehe Seite **12**) und Sargento Mordo wiedertreffen. Während die Geweihte den Sterbenden Beistand spendet und die Gräber einsegnet, ist der Sargento gemeinsam mit zwei weiteren Söldnern damit beschäftigt, die Waffen der Toten einzusammeln und zu prüfen, ob sie etwas von Wert in den Taschen haben. Falls die Heldinnen sich ebenfalls an der Durchsuchung der Toten beteiligen wollen, kannst du dazu die Tabelle Plündergut im Anhang (siehe **59**) verwenden.

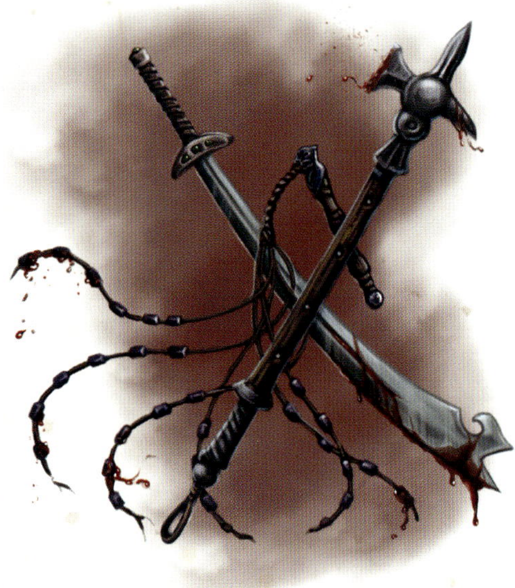

Im Laufe des Abends versammeln sich die Überlebenden der Schlacht an den Feuern, um auf den Sieg und das Andenken der gefallenen Kameradinnen zu trinken. Das Gelächter und die Gesänge der feiernden Frauen und Männer übertönen die nächtlichen Geräusche des Dschungels. Während die Weinschläuche kreisen, entstehen die ersten Anekdoten und Geschichten über die Schlacht von Mehat, die, legendenhaft verzerrt, schon bald in die al'anfanische Folklore eingehen werden.

Am nächsten Morgen halten Rhônda und die Borongeweihten, die das Heer begleiten, einen großen Götterdienst, um für die Seelen von Freund und Feind zu beten und dem ewigen Boron für den Sieg zu danken.

Kriegsgewinnler

- *Sklaventreiber*: Alle Kemi, die während der Schlacht in Gefangenschaft geraten sind, werden aufgefordert, sich Rhônda zu unterwerfen und einen Eid zu leisten, nicht erneut die Waffen gegen sie zu erheben. Wer den Schwur leistet, wird freigelassen. Wer sich weigert, dies zu tun, wird an ♟ *Tirato Zornbrecht* (Mitte 30, schwarzes Haar, markante Nase, ehrgeizig; kompetenter Offizier; Willenskraft 13 (15/14/13), SK 2) übergeben, der mit einem Trupp Sklavenjäger dem Heer folgt und die Unbelehrbaren in Gewahrsam nimmt, um sie zu den Sklavenmärkten Al'Anfas zu bringen.
- *Propagandist*: Am Tag nach der Schlacht trifft ♟ *Damiano Salmorantes* (42, hochgewachsen, Schildkrötenhals, tintenbefleckte Finger, kurzsichtig, opportunistisch; SF Schriftstellerei; Götter & Kulte 11 (14/14/15), Sagen & Legenden 12 (14/15/15), Willenskraft 12 (13/15/15), SK 2) in Mehat ein. Die Heldinnen kennen ihn möglicherweise bereits aus Qinsay. Der Schreiber des Al'Anfaner Tempelrufers ist gekommen, um über die Erfolge des Boronszuges zu berichten, und ist zunächst schwer enttäuscht, dass er die große Schlacht verpasst hat. Dies hindert ihn aber nicht daran, nach ersten Gesprächen mit den *Rabenkrallen* und weiteren Teilnehmern der Schlacht, umfangreiche Berichte in die Heimat zu schicken. In seinen Beschreibungen, die weit über die realen Gegebenheiten hinausgehen, wird der Sieg von Mehat zu einem überragenden Triumph Prinzessin Rhôndas und ihrer al'anfanischen Verbündeten. Er fabuliert eine zahlenmäßige Überlegenheit der Kemi-Streitmacht herbei, die außerdem Unterstützung durch aberhunderte Waldmenschen und Achaz erhalten habe. Tatsächlich finden Damianos Berichte im sensationshungrigen Al'Anfa reißenden Absatz und werden später sogar zu einem Theaterstück verarbeitet. Sie prägen das Bild eines triumphalen Sieges des Boronszuges. Die hohen Verluste, die das Heer erlitten hat, finden in den Schilderungen keine Erwähnung.

- *Prahl-Alrik*: Ebenfalls zu spät, um die Schlacht noch zu erleben, erscheint ♝ *Decius Paligan* (*1006 BF, hochgewachsen, stark eingeöltes dunkelbraunes Haar, purpurroter Umhang, verwöhnt und eitel; liebt den Klang der eigenen Stimme; Willenskraft 7 (12/13/12), SK 1). Der Curator Vendo, der den Heldinnen während des bisherigen Feldzuges schon mehrfach begegnet ist, wird im fünften Teil der Kampagne noch eine wichtige Rolle für sie spielen. Er verteilt gönnerhaft Lob an die *Rabenkrallen* und andere Soldaten, wobei er nicht mit guten Ratschlägen spart. Hat er sich erst in Schwung geredet, prahlt er großspurig damit, wie *er* die Schlacht gelenkt hätte, hätte er das Kommando geführt. Er hütet sich jedoch davor, dies laut auszusprechen, wenn Oderin oder einer seiner Offiziere in der Nähe sind.

Der Orden von Mehat

Wenngleich Oderin du Metuant haltlose Prahlerei verabscheut, ist er doch ein Mann, der um die Wirkung großer Gesten und Symbole weiß. Er ist entschlossen, den Sieg von Mehat zu nutzen, um seinen Nimbus als überragender Feldherr zu festigen und die Kämpfer des Boronszuges für den weiteren Verlauf des Feldzuges zu motivieren. Als sichtbares Zeichen stiftet er den Orden von Mehat, eine Auszeichnung, welche die verdientesten Kämpfer der Schlacht erhalten und die zusätzlich einen Ehrensold von 12 Dublonen beinhaltet. Der Schwarze General will damit auch zeigen, dass unter seiner Herrschaft Mut, Entschlossenheit und Tapferkeit gerecht belohnt werden, gleich ob diese Tugenden von einer Elitesöldnerin oder einem Kriegsfreiwilligen aus den al'anfanischen Elendsvierteln unter Beweis gestellt werden.

Auch die *Rabenkrallen* werden für ihren Einsatz während der Vorhutgefechte am Vortag der Schlacht von Mehat (und gegebenenfalls für weitere Heldentaten während der Schlacht) mit dem Orden ausgezeichnet. Es handelt sich um eine silberne Brosche mit rotem Edelstein, in den drei gekreuzte Klingen eingekerbt sind. Bei der Ordensverleihung am Tag nach der Schlacht erhalten die Ordensträgerinnen nur ein symbolisches blutrotes Band, da Oderin die eigentlichen Orden erst anfertigen lassen muss (die Heldinnen erhalten die Broschen dann einige Tage später).

Prinzessin Rhôndas Belohnungen fallen weniger materiell aus. Bewährte Kämpferinnen der Schlacht treten am nächsten Tag vor ihr an und empfangen einen persönlichen Segen. Auch den *Rabenkrallen* wird diese Ehre angetragen.

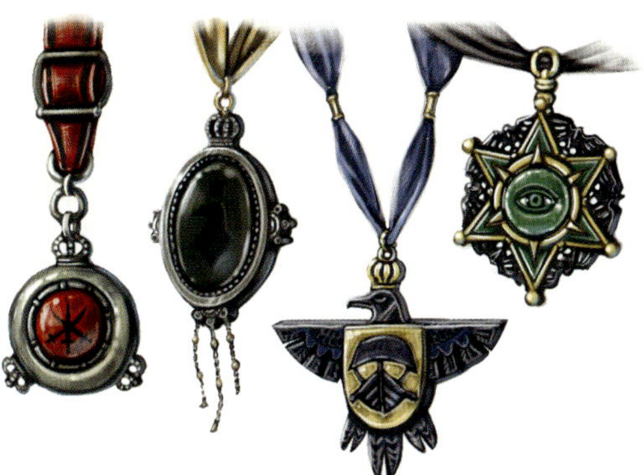

Beförderungen

Nachdem die *Rabenkrallen* ihre Fähigkeiten und ihre Zuverlässigkeit vor und während der Schlacht unter Beweis gestellt haben, verfügt der Schwarze General, dass sie alle um einen Rang befördert werden. Damit sollten die Heldinnen inzwischen alle einen Offiziersrang innehaben, der weitere Privilegien mit sich bringt und ihnen an mancher Stelle zusätzliches Gehör verschafft. Eine Übersicht der militärischen Ränge Al'Anfas findest du im Anhang auf Seite **59**).

Ist es den Heldinnen außerdem gelungen, den Respekt der Kemi-Prinzessin zu erringen, befielt Rhônda ihrer Leibwache, dass die *Rabenkrallen* in dringenden Fällen unmittelbar zu ihr vorgelassen werden sollen. Sie wird ihren Einsatz nicht vergessen und auch im weiteren Verlauf des Boronszuges auf ihren Rat und ihre Fähigkeiten zurückgreifen.

Wie geht es weiter?

In den folgenden Tagen lagert das Heer in Mehat, damit sich die Soldaten nach der Schlacht ausruhen können. Auch die *Rabenkrallen* erhalten ausreichend Gelegenheit, sich von den Anstrengungen und möglicherweise erlittenen Verletzungen zu erholen. Als die Streitmacht weiter gen Süden zieht, bleiben eine Garnison sowie alle schwer Verwundeten in Mehat zurück. Oderin und Rhônda planen, am Ort der Schlacht eine Veteranensiedlung zu gründen, die einerseits den Versehrten des Krieges Landbesitz bieten und andererseits als Stützpunkt inmitten des Dschungels die Kontrolle über die sich im Dorf kreuzenden Wege sichern soll.

Auf dem Weg nach Süden schließen sich mehr und mehr Glücksritter und Opportunisten, aber auch wahre Gläubige und Pilger dem Boronszug an. Beim Dorf Yryet erreicht der Zug die Südküste des Kemi-Reiches. Im fünften Teil der Kampagne, **Der Preis des Greifen**, werden die Heldinnen als Teil einer diplomatischen Delegation nach Hôt-Alem entsandt. Die auf der Landseite vollständig vom Kemi-Reich umschlossene Kolonie des Mittelreichs bietet nicht nur einen strategisch bedeutsamen Übergang über den Fluss Tirob, sondern auch sichere Hafengewässer an der Südküste des Kontinents. Al'Anfaner und Kemi versuchen deshalb gleichermaßen, den Fürst-Protektor von Hôt-Alem, der bisher strikte Neutralität gewahrt hat, auf ihre Seite zu ziehen.

Der Lohn der Mühen

Für das Auskundschaften des Weges, das Vorhutgeplänkel in Mehat, die Suche nach Said und dem Schwert und die Herausforderungen in der großen Schlacht erhalten alle Heldinnen **40 Abenteuerpunkte**. Haben sie sich bei einigen der Herausforderungen besonders geschickt angestellt, kreative Lösungen erdacht, durch ihr Handeln das Leben ihrer Kameraden gerettet oder beim Kampf gegen eine Übermacht der Feinde besondere Tapferkeit bewiesen, so kannst du zusätzlich bis zu **5 Abenteuerpunkte** pro Heldin vergeben.

ANHANG

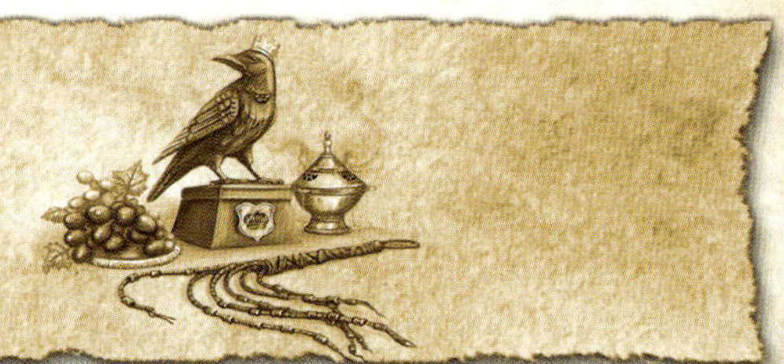

Zeittafel

Die hier genannten Daten sind lediglich Orientierungswerte. Kleinere Abweichungen sind problemlos möglich.

Die jüngere Vergangenheit

- **Travia 1042 BF:** Die Helden werden für die neu aufgestellte Einheit der *Rabenkrallen* rekrutiert.
- **1. Boron 1042 BF:** Der Patriarch verkündet in einer öffentlichen Zeremonie im Hafen den Boronszug und erklärt, dass der Segen des Raben auf dem bevorstehenden Feldzug liegt. Kurz darauf stechen die ersten Schiffe gen Osten in See.
- **2. Boron 1042 BF:** Das Geschwader, dem die Helden zugeordnet sind, verlässt den Hafen von Al'Anfa.
- **3. Boron 1042 BF:** Die Schwarze Armada sperrt die Straße von Sylla. Gerüchteweise kommt dabei auch ein legendäres magisches Windhorn zum Einsatz.
- **4. Boron 1042 BF:** Der Trupp der Helden geht westlich von Qinsay an Land und dringt in der Nacht unbemerkt in die Stadt ein.
- **6. Boron 1042 BF:** Im Morgengrauen beginnt mit den nahezu gleichzeitig erfolgenden Angriffen auf Kolchis, Qinsay und Yleha offiziell der Krieg.
- **7. Boron 1042 BF:** Die Nachricht von der Invasion erreicht Khefu.
- **8. Boron 1042 BF:** Oderin du Metuant verlegt sein Hauptquartier nach Yleha.
- **9. Boron 1042 BF:** Von Kolchis aus marschieren Kemi, die Rhônda die Treue halten, verstärkt durch Söldnertruppen, in Richtung Biazzan.
- **10. Boron 1042 BF:** Generalin Zornbrecht setzt ihre Truppen in Richtung Trus in Marsch. Die Helden reisen der Streitmacht als Kundschafter voraus.
- **11. Boron 1042 BF:** Die Eroberung Menehets gelingt unter hohen Verlusten.
- **14. Boron 1042 BF:** Die Helden erreichen Belam.
- **18. Boron 1042 BF:** Das Heer kommt in Trus an.
- **19. Boron 1042 BF:** Die Schlacht von Trus endet in einem Desaster. Die Helden fliehen durch den Dschungel, um nach Yleha zu gelangen.
- **24. Boron 1042 BF:** Die Helden erreichen Fort Salhén.
- **25. Boron 1042 BF:** Die Helden kommen in Yleha an und erstatten Oderin Bericht.
- **28. Boron 1042 BF:** In Yleha entgeht Oderin du Metuant nur knapp einem Attentat, mehrere al'anfanische Offiziere kommen bei dem Brandanschlag ums Leben.
- **29. Boron 1042 BF:** Die horasische Gesandte Carvaia ya Dergamon trifft in Yleha ein. Oderin beauftragt die Helden, ihm den Kopf von Mariano ya Strozza zu bringen.
- **30. Boron 1042 BF:** Die Helden reisen mit der Marbo nach Kolchis. Von dort aus machen sie sich zu Fuß auf den Weg nach Teernberg.
- **5. Hesinde 1042 BF:** Die Helden können Mariano ya Strozza in der Achaz-Stadt Zraah aufspüren.
- **9. Hesinde 1042 BF:** Das Schiff der Helden erreicht Yleha und sie erstatten Oderin Bericht.

Die Ereignisse des Abenteuers

- **10. Hesinde 1042 BF:** In Yleha treffen die Helden mit alten und neuen Kameraden der *Rabenkrallen* zusammen.
- **11. Hesinde 1042 BF:** Die Helden erreichen Catco, wo sich die Heere von Oderin du Metuant und Prinzessin Rhônda vereinigen.
- **12. Hesinde 1042 BF:** Die Helden überwältigen einen feindlichen Späher. Der Heerzug erreicht Fort Südergart und trifft dort auf die Streitmacht unter Alena Karinor. Alarmiert durch Berichte über einen bevorstehenden Angriff der Kemi auf Yleha, schickt der Schwarze General einen Teil des Heeres zurück nach Norden.
- **14. Hesinde 1042 BF:** Die Helden erreichen Mehat und werden dort in Kämpfe mit der Vorhut der Kemi verwickelt. Am Abend werden sie mit der Suche nach Said Bonareth und dem Schwert beauftragt.
- **15. Hesinde 1042 BF:** Während der Nacht dringen die Helden in die verlassene Mine ein, befreien Said und erbeuten das Schwert. Gegen Mittag kehren sie nach Mehat zurück und werden kurz darauf zum Gereh-Pass entsandt.
- **16. Hesinde 1042 BF:** Am dritten Tag findet die Schlacht von Mehat ihren Höhepunkt. Die Helden kehren rechtzeitig mit der Verstärkung zurück, um den al'anfanischen Sieg sicherzustellen.
- **17. Hesinde 1042 BF:** Am Tag nach der Schlacht werden die verdientesten Kämpfer mit dem Orden von Mehat ausgezeichnet.

Militärische Ränge Al'Anfas

Al'anfanische Offiziere tragen, wie im Süden üblich, außergewöhnlich exotische und pompöse Titel, teils mittelreichische, die Kaiser Reto 980 BF abgeschafft hat, wie Admiralissimus und Rittmeister, teils horasische und tulamidische, teils völlig eigenständige wie Gubernator und Regulator. Nicht selten werden neben dem eigentlichen Rang noch weitere, zusätzliche Ehrentitel geführt, mit denen sich die Offiziere von ihren Untergebenen ansprechen lassen. Dies erschwert mitunter selbst innerhalb von Armee und Flotte den Überblick, welcher Offizier welche tatsächlichen Befugnisse besitzt und wer wem vorgesetzt bzw. untergeordnet ist. Zwar ist Oderin du Metuant, seit er die Macht übernommen hat, bemüht, eine einheitliche Titulatur innerhalb der Armee und der Schwarzen Armada durchzusetzen, seine Bemühungen zeigen jedoch nur langsam Fortschritte, da die Inhaber abgeschaffter Titel diese mitunter ungeniert weiterverwenden. Die folgende Aufstellung ist daher keineswegs abschließend und du kannst sie bei Bedarf gerne um kreative eigene Titelschöpfungen erweitern:

- Rekrut/in
- Soldat/in
- Corporal/a
- Sargento/Sargenta
- Ensignio/Ensignia
- Leutnant
- Capitan/a (auch: Hauptmann/Hauptfrau, Rittmeister/in)
- Subcommandante/Subcommandanta
- Commandante/Commandanta (auch: Oberst/Obristin)
- General/Generalin (auch: Stadtmarschall/in, Oberste/r Regulator/in)

Neu rekrutierte Kämpfer beginnen ihre Karriere bei den *Rabenkrallen* als einfache Soldaten, allerdings herrschen innerhalb der Einheit relativ flache Hierarchien, da die Mitglieder meist in kleinen Trupps („Krallen") von ungefähr fünf Köpfen eingesetzt werden. Helden, die als Soldaten, Ordenskrieger oder Seekriegsmagier bereits einen Rang in der Streitmacht Al'Anfas besitzen, behalten diesen auch bei den *Rabenkrallen* bei. Granden werden in der Regel, unabhängig von tatsächlicher Eignung und Erfahrung, direkt zu Offizieren ernannt. Aufgrund der geringen Größe der Spezialeinheit erstreckt sich ihre Befehlsgewalt aber maximal auf die Mitglieder ihrer eigenen Kralle.

Tabelle Plündergut

Bei der Festlegung, welche Beutestücke den Helden in die Hände fallen, kannst du entweder aus dieser Liste frei auswählen, was dir sinnvoll erscheint, oder die Entscheidung dem Zufall überlassen (W20):

1W20	Plündergut
1	Hochwertige Nahkampfwaffe (z. B. Anderthalbhänder, Boronsichel, Brabakbengel; Wert: anderthalbfacher Listenpreis)
2	Gewöhnliche Nahkampfwaffe (z. B. Langschwert, Säbel, Sklaventod; Wert: Listenpreis)
3	Einfache Nahkampfwaffe (z. B. Holzspeer, Haumesser, Dolch; Wert: Listenpreis)
4	Hochwertige Fernkampfwaffe (z. B. Schwere Armbrust, Kriegsbogen; Wert: Listenpreis)
5	Gewöhnliche Fernkampfwaffe (z. B. Leichte Armbrust, Langbogen, Blasrohr; Wert: Listenpreis)
6	Einfache Fernkampfwaffe (z. B. Kurzbogen, Schleuder, Wurfnetz; Wert: Listenpreis)
7	Hochwertige Rüstung (z. B. Plattenrüstung, Kettenhemd; Wert: Listenpreis)
8	Gewöhnliche Rüstung (z. B. Lederrüstung; Wert: Listenpreis)
9	Einfache Rüstung oder Rüstungsteil (z. B. Nietenweste, Armschienen, Helm; Wert: Listenpreis)
10	Geldkatze eines wohlhabenden Soldaten (Beutel mit Münzen im Wert von 1W6 Dukaten)
11	Geldkatze eines durchschnittlichen Soldaten (Beutel mit Münzen im Wert von 1W20 Silbertalern)
12	Geldkatze eines armen Soldaten (Beutel mit Münzen im Wert von 1W20 Heller)
13	Schmuckstück (z. B. Kette, Ring oder Brosche im Wert von 1W6 Dukaten)
14	Weinschlauch mit gutem Wein
15	Weinschlauch mit billigem Wein
16	Flasche mit Reisschnaps
17	Heilkräuter (z. B. Donf, Egelschreck, Gulmond, Wirselkraut; siehe **Regelwerk** ab Seite **345**)
18	Gift (z. B. Arax, Kelmon, Wurara; siehe **Regelwerk** Seite **342**)
19	Glücksbringer (z. B. Boron-Amulett, Götterstatuette, Lederkette mit Alligatorenzähnen)
20	Persönliches Dokument (z. B. Liebesbrief, Notizbuch, Testament)

Kleines Glossar für Kemi und Al'Anfa

Achaz: kulturschaffende Echsenspezies, vor allem im Süden Aventuriens beheimatet

Boronszug: Kriegszug im Namen des Gottes Boron mit dem Ziel, Frevel am Gott zu rächen

Charyptik: umgangssprachliche Bezeichnung für das Charyptische Meer, ein Gebiet mit vielen kleinen Inseln und Piratenverstecken, wo Al'Anfa und andere Mächte um Gewürze, Edelsteine und andere Schätze der Waldinseln wetteifern

Corvikaner: radikale borongläubige Sekte in Kemi, die Attentate verübt und sich gegen jeglichen Fremdeinfluss in Kemi wendet

Curator Vendo: al'anfanisches Amt ohne genau festgeschriebene Aufgaben oder Befugnisse; Der gegenwärtige Curator Vendo hat den Auftrag, den Boronszug in der Wahrnehmung der Verbündeten Al'Anfas wie auch der anderen Mächte möglichst vorteilhaft darzustellen.

Don/Donna: Anrede für Granden

Fana: freie Bürger des al'anfanischen Imperiums, die keine Sklaven oder Granden sind, vom Bettler bis zum Handelsherrn

Goldene Allianz: Bündnis des Horasreiches, des Königreiches Brabak und des Káhet Ni Kemi zum Schutz der Kolonien vor der Schwarzen Allianz. Einige vormalige Mitglieder wie Ghurenia und Sylla haben die Allianz verlassen oder wurden von Al'Anfa erobert.

Grande/Grandessa: Angehöriger der acht großen Familien Al'Anfas, vergleichbar in Reichtum, Macht und Einfluss mit dem Adel anderer Reiche

Hand Borons: Meuchlergilde aus Al'Anfa, die sich dem Schutz des Patriarchen und der Stadt verschrieben hat; verfügt neben Agenten über zahlreiche Zuträger und Informanten; neben Auftragsmord gehören auch Spionage und Sabotage zu ihrem breitgefächerten Portfolio

Káhet Ni Kemi: kem'sche Bezeichnung für das Königreich der Kemi

Keke-Wanaq: ein halbnomadischer Waldmenschenstamm, der selbst den anderen Stämmen als unheimlich gilt

Kem'scher Ritus: Der kem'sche Boronkult ist dem al'anfanischen Ritus sehr ähnlich. Beide postulieren Boron als Götterfürsten und verehren den Heiligen Nemekath. Im Gegensatz zum al'anfanischen Ritus legen die Kemi viel Wert auf die Tugenden der Askese und Demut und sehen Selbsttötungen weitaus restriktiver.

Khefu: Hauptstadt des Kemi-Reiches

Meridiana: historischer Name des Vizekönigreiches, aus dem das Imperium von Al'Anfa hervorgegangen ist; mittlerweile Bezeichnung für den gesamten Tiefen Süden des Kontinents Aventurien

Mohagoni: rotbraun schimmerndes Edelholz, das im Regenwald wächst

Neseruken-Garde: handverlesene Leibgarde der Nisut

Nisut: Königinnentitel in Kemi

Procurator: offizieller Titel des Schwarzen Generals Oderin du Metuant

Schwarzer Bund des Kor: unabhängige Söldnertruppe mit Sitz in Al'Anfa, die häufig im Dienst des al'anfanischen Imperiums steht

Schwarzer General: inoffizieller Titel Oderin du Metuants

Schwarze Allianz: Bündnis einiger südlicher Städte und Staaten unter der Führung des al'anfanischen Imperiums, auch als Rabenpakt bekannt; geschlossen 955 BF zur gegenseitigen Unterstützung und zur Ausweitung des Einflusses auf andere Gebiete

Tschopukikuha: territorialer Waldmenschenstamm, der auf dem Gebiet der Syllanischen Halbinsel lebt

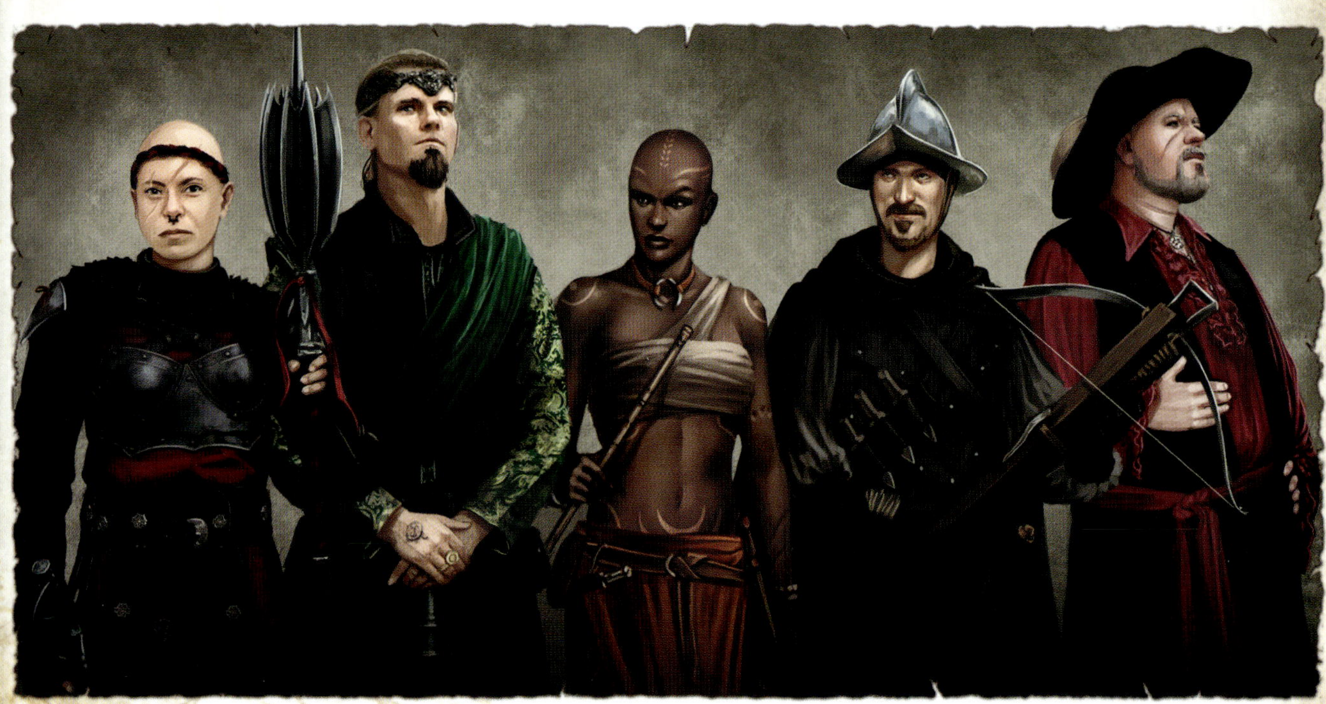

Gesammelte Kampfwerte

Die folgenden Werte kannst du jeweils sowohl für Kämpfer auf Seiten der Kemi als auch der Al'Anfaner verwenden.

Kundschafter: Kemi-Späher, Al'Anfanische Kundschafter, Plänkler
MU 14 **KL** 13 **IN** 15 **CH** 12
FF 15 **GE** 15 **KO** 13 **KK** 13
LeP 34 **AsP** – **KaP** – **INI** 15+1W6
AW 8 **SK** 2 **ZK** 2 **GS** 9
Waffenlos: AT 13 **PA** 8 **TP** 1W6+1 **RW** kurz
Dolch: AT 13 **PA** 8 **TP** 1W6+1 **RW** kurz
Kurzbogen: FK 16 **LZ** 1 **TP** 1W6+4 **RW** 10/50/80
RS/BE: 0/0 (normale Kleidung)
Vorteile/Nachteile: Flink
Sonderfertigkeiten: Aufmerksamkeit, Kernschuss I+II-AKOII128 (Kurzbogen), Muttersprache Garethi III, Präziser Schuss/Wurf I+II (Kurzbogen), Ortskenntnis (jeweiliges Gebiet), Schnellladen (Bögen) (Kurzbogen)
Talente: Einschüchtern 8, Gassenwissen 8, Handel 6, Körperbeherrschung 11, Kraftakt 10, Menschenkenntnis 7, Selbstbeherrschung 12, Sinnesschärfe 13, Überreden 5, Verbergen 14, Willenskraft 11
Kampfverhalten: Kundschafter versuchen aus dem Hinterhalt anzugreifen. Sie bevorzugen die *weite* Entfernung ihrer Waffe (etwa 60 bis 80 Schritt) und versuchen sich dann wieder zu verbergen. Außerdem benutzen sie gerne das Manöver *Präziser Schuss/Wurf I* und setzen es bei fast jedem Schuss ein. Die zweite Stufe der SF nutzen sie nur auf kürzere Entfernungen.
Flucht: Verlust von 50 % der LeP
Schmerz +1 bei: 26 LeP, 17 LeP, 9 LeP, 5 LeP oder weniger

Leichtes Fußvolk: Kem'sche Soldaten, Kemi-Infanterie, Al'Anfanische Söldner, Freiwillige
MU 13 **KL** 11 **IN** 13 **CH** 11
FF 12 **GE** 13 **KO** 14 **KK** 14
LeP 34 **AsP** – **KaP** – **INI** 12+1W6
AW 7 **SK** 1 **ZK** 2 **GS** 7
Waffenlos: AT 13 **PA** 8 **TP** 1W6 **RW** kurz
Dolch: AT 13 **PA** 7 **TP** 1W6+1 **RW** kurz
Säbel: AT 13 **PA** 8 **TP** 1W6+3 **RW** mittel
Leichte Armbrust: FK 13 **LZ** 8 **TP** 1W6+6 **RW** 10/50/80
RS/BE: 3/0 (Lederrüstung) (Modifikatoren durch Rüstungen bereits eingerechnet)
Vorteile/Nachteile: Giftresistenz I, Krankheitsresistenz I, Verbesserte Regeneration (Lebensenergie) I
Sonderfertigkeiten: Aufmerksamkeit, Belastungsgewöhnung I, Finte I (Waffenlos, Dolch, Säbel), Muttersprache Garethi III, Ortskenntnis (Heimatdorf), Wuchtschlag I (Waffenlos, Säbel)
Talente: Einschüchtern 6, Handel 4, Körperbeherrschung 10, Kraftakt 11, Menschenkenntnis 5, Selbstbeherrschung 10, Sinnesschärfe 12, Überreden 4, Verbergen 8, Wildnisleben 6, Willenskraft 8
Kampfverhalten: Manöver, etwa *Finte* und *Wuchtschlag*, setzt das leichte Fußvolk gelegentlich ein (insbesondere gegen einen einzelnen, schwergerüsteten Gegner), ansonsten versuchen sie ihren Gegner in Überzahl zu überwältigen.
Flucht: Verlust von 75 % der LeP
Schmerz +1 bei: 26 LeP, 17 LeP, 9 LeP, 5 LeP oder weniger

Schweres Fußvolk: Neseruken-Garde, Ordenskrieger, Schwarze Garde, Dukatengarde
MU 15 **KL** 12 **IN** 13 **CH** 12
FF 12 **GE** 15 **KO** 15 **KK** 15
LeP 40 **AsP** – **KaP** – **INI** 15+1W6
AW 7 **SK** 2 **ZK** 3 **GS** 7
Waffenlos: AT 15 **PA** 8 **TP** 1W6+1 **RW** kurz
Dolch: AT 15 **PA** 8 **TP** 1W6+2 **RW** kurz
Anderthalbhänder (2H): AT 16 **PA** 9 **TP** 1W6+6 **RW** mittel
Boronsichel (2H): AT 16 **PA** 7 **TP** 2W6+4 **RW** mittel
Brabakbengel: AT 15 **PA** 7 **TP** 1W6+6 **RW** mittel
Langschwert: AT 16 **PA** 9 **TP** 1W6+4 **RW** mittel
Kriegsbogen: FK 15 **LZ** 2 **TP** 1W6+8 **RW** 25/50/100
RS/BE: 6/1 (Plattenrüstung) (Modifikatoren durch Rüstungen bereits eingerechnet)
Vorteile/Nachteile: Krankheitsresistenz I / Persönlichkeitsschwächen (vor allem Arroganz)
Sonderfertigkeiten: Aufmerksamkeit, Belastungsgewöhnung I+II, Finte I+II (Waffenlos, Dolch, Anderthalbhänder, Boronsichel, Brabakbengel), Kampfreflexe I, Muttersprache Garethi III, Ortskenntnis (Heimatdorf), Präziser Schuss/Wurf I (Kriegsbogen), Rundumschlag I (Anderthalbhänder, Boronsichel, Brabakbengel, Langschwert), Sturmangriff (Anderthalbhänder, Boronsichel, Brabakbengel, Langschwert), Vorstoß (Anderthalbhänder, Boronsichel, Brabakbengel, Langschwert), Wuchtschlag I+II (Waffenlos, Anderthalbhänder, Boronsichel, Brabakbengel, Langschwert)
Talente: Einschüchtern 12, Gassenwissen 6, Handel 6, Körperbeherrschung 13, Kraftakt 14, Menschenkenntnis 7, Selbstbeherrschung 13, Sinnesschärfe 10, Überreden 5, Verbergen 6, Willenskraft 13
Kampfverhalten: Schweres Fußvolk verwendet im Kampf ein reichhaltiges Repertoire an Sonderfertigkeiten. Gegen einzelne Gegner nutzen sie *Finten* und *Wuchtschläge*, gegen mehr als einen Gegner den *Rundumschlag*. Auch ein *Vorstoß* oder *Sturmangriff* wird häufig eingesetzt. Wenn sie mehrere Stufen *Schmerz* erlitten haben, setzen sie kaum noch Manöver ein. Aus der Distanz beschießen sie ihre Gegner gerne mit ihrem Kriegsbogen und nutzen dabei auch das Manöver *Präziser Schuss/Wurf*.
Flucht: Verlust von 75 % der LeP
Schmerz +1 bei: 30 LeP, 20 LeP, 10 LeP, 5 LeP oder weniger

Kampftechnik Zweihandschwerter

Waffe	TP	L+S	AT/PA-Mod	RW	Gewicht	Länge	Preis
Boronsichel (2H)	2W6+3	KK 14	0/–2	mittel	4 Stein	180 HF	400 S

Leichte Reiterei: Al'Anfanische Fremdenlegion
MU 14 **KL** 11 **IN** 13 **CH** 11
FF 12 **GE** 13 **KO** 14 **KK** 14
LeP 34 **AsP** – **KaP** – **INI** 13+1W6
AW 6 **SK** 1 **ZK** 2 **GS** 7
Waffenlos: **AT** 13 **PA** 7 **TP** 1W6 **RW** kurz
Dolch: **AT** 13 **PA** 6 **TP** 1W6+1 **RW** kurz
Säbel: **AT** 13 **PA** 7 **TP** 1W6+3 **RW** mittel
Kriegslanze: **AT** 13 **PA** – **TP** 2W6+6 **RW** –
RS/BE: 4/1 (Kettenrüstung) (Modifikatoren durch Rüstungen bereits eingerechnet)
Vorteile/Nachteile: Giftresistenz I, Krankheitsresistenz I, Verbesserte Regeneration (Lebensenergie) I
Sonderfertigkeiten: Aufmerksamkeit, Belastungsgewöhnung I, Finte I (Waffenlos, Dolch, Säbel), Muttersprache (verschiedene), Ortskenntnis (Heimatdorf), Wuchtschlag I (Waffenlos, Säbel)
Talente: Einschüchtern 10, Handel 4, Körperbeherrschung 10, Kraftakt 11, Menschenkenntnis 5, Reiten 13, Selbstbeherrschung 12, Sinnesschärfe 12, Überreden 4, Verbergen 8, Wildnisleben 6, Willenskraft 10
Kampfverhalten: Die leichte Reiterei versucht ihre Gegner mit der Kriegslanze aufzuspießen. Im Nahkampf greifen die Kämpfer mit *Finten* und dem Säbel an.
Flucht: Verlust von 75 % der LeP
Schmerz +1 bei: 26 LeP, 17 LeP, 9 LeP, 5 LeP oder weniger

Kopfgeldjäger
MU 14 **KL** 12 **IN** 14 **CH** 11
FF 13 **GE** 14 **KO** 14 **KK** 13
LeP 36 **AsP** – **KaP** – **INI** 12+1W6
AW 6 **SK** 2 **ZK** 2 **GS** 6
Waffenlos: **AT** 16 **PA** 9 **TP** 1W6 **RW** kurz
Mengbilar: **AT** 16 **PA** 7 **TP** 1W6+1* **RW** kurz
Sklaventod: **AT** 16 **PA** 9 **TP** 1W6+4 **RW** mittel
Schwere Armbrust: **FK** 15 **LZ** 15 **TP** 2W6+6* **RW** 20/100/160
RS/BE: 3/1 (Lederrüstung) (Modifikatoren durch Rüstungen bereits eingerechnet)
Vorteile/Nachteile: Schlechte Eigenschaft (Goldgier)
Sonderfertigkeiten: Armbrust überdrehen[AKO151] (Schwere Armbrust), Aufmerksamkeit, Finte I (Waffenlos, Mengbilar, Sklaventod), Klinge drehen[AKOII128] (Mengbilar, Sklaventod), Muttersprache Garethi III, Ortskenntnis (Heimatdorf), Wuchtschlag I (Waffenlos, Sklaventod)
Talente: Einschüchtern 10, Fährtensuchen 13, Gassenwissen 12, Handel 8, Körperbeherrschung 10, Kraftakt 10, Menschenkenntnis 12, Selbstbeherrschung 11, Sinnesschärfe 12, Überreden 9, Verbergen 10, Willenskraft 9
Kampfverhalten: Kopfgeldjäger greifen am liebsten mit ihren Fernkampfwaffen aus dem Hinterhalt an und hoffen darauf, ihre Feinde mit dem Gift auszuschalten.
Flucht: Verlust von 75 % der LeP
Schmerz +1 bei: 27 LeP, 18 LeP, 9 LeP, 5 LeP oder weniger
*) *Gift:* Die Klinge und die Bolzen sind mit Kelmon vergiftet (siehe **Regelwerk** Seite **342**)

Schützen:
Armbrustschützen, Bogenschützen, Söldner
MU 12 **KL** 12 **IN** 15 **CH** 12
FF 15 **GE** 15 **KO** 13 **KK** 13
LeP 34 **AsP** – **KaP** – **INI** 14+1W6
AW 8 **SK** 2 **ZK** 2 **GS** 9
Waffenlos: **AT** 13 **PA** 8 **TP** 1W6+1 **RW** kurz
Dolch: **AT** 13 **PA** 8 **TP** 1W6+4 **RW** mittel
Sklaventod: **AT** 13 **PA** 8 **TP** 1W6+1 **RW** kurz
Kurzbogen: **FK** 16 **LZ** 1 **TP** 1W6+4 **RW** 10/50/80
Kriegsbogen: **FK** 16 **LZ** 2 **TP** 1W6+8 **RW** 25/50/100
Langbogen: **FK** 16 **LZ** 2 **TP** 1W6+8 **RW** 20/100/160
Leichte Armbrust: **FK** 16 **LZ** 8 **TP** 1W6+6 **RW** 10/50/80
Schwere Armbrust: **FK** 16 **LZ** 15 **TP** 2W6+6 **RW** 20/100/160
RS/BE: 0/0 (normale Kleidung)
Vorteile/Nachteile: Flink
Sonderfertigkeiten: Aufmerksamkeit, Kernschuss I+-II[AKOII128] (Kriegsbogen, Kurzbogen, Langbogen, Leichte Armbrust, Schwere Armbrust), Muttersprache Garethi III, Ortskenntnis (Heimatdorf), Querschuss I[AKOII130] (Kriegsbogen, Kurzbogen, Langbogen), Präziser Schuss/Wurf I+II (Kriegsbogen, Kurzbogen, Langbogen, Leichte Armbrust, Schwere Armbrust), Schnellladen (Armbrüste oder Bögen) (Kriegsbogen, Kurzbogen, Langbogen, Leichte Armbrust, Schwere Armbrust)
Talente: Einschüchtern 8, Gassenwissen 8, Handel 6, Körperbeherrschung 11, Kraftakt 10, Menschenkenntnis 7, Selbstbeherrschung 12, Sinnesschärfe 13, Überreden 5, Verbergen 14, Willenskraft 11
Kampfverhalten: Schützen versuchen auf Distanz zu bleiben und setzen *Präzise Schüsse* und *Kernschüsse* ein, um ihre Gegner auszuschalten. Zu Beginn des Kampfes nutzen sie auch *Querschüsse*.
Flucht: Verlust von 50 % der LeP
Schmerz +1 bei: 26 LeP, 17 LeP, 9 LeP, 5 LeP oder weniger

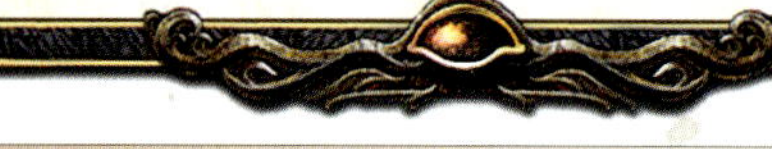

Kampftechnik Bögen							
Waffe	**TP**	**LZ**	**RW**	**Munition**	**Gewicht**	**Länge**	**Preis**
Kriegsbogen	1W6+8	2 Aktionen	25/50/100	Pfeile	1 Stn	140 HF	100 S

Kampftechnik Dolche							
Waffe	**TP**	**L+S**	**AT/PA-Mod**	**RW**	**Gewicht**	**Länge**	**Preis**
Mengbilar	1W6+1	GE 14	0/–2	kurz	0,5 Stn	25 HF	120 S

Stammeskrieger der Keke-Wanaq
MU 14 **KL** 10 **IN** 12 **CH** 10
FF 13 **GE** 14 **KO** 14 **KK** 13
LeP 36 **AsP** – **KaP** – **INI** 14+1W6
AW 9 **SK** 1 **ZK** 2 **GS** 8
Waffenlos: AT 14 **PA** 8 **TP** 1W6 **RW** kurz
Holzspeer (2H): AT 14 **PA** 8 **TP** 1W6+2 **RW** lang
Katar: AT 14 **PA** 7 **TP** 1W6+2 **RW** kurz
Blasrohr: FK 13 **LZ** 2 **TP** 1W2* **RW** 2/20/40
Kurzbogen: FK 13 **LZ** 1 **TP** 1W6+4* **RW** 10/50/80
Wurfnetz: FK 13 **LZ** 1 **TP** keine** **RW** 1/3/5
RS/BE: 0/0 (normale Kleidung oder nackt)
Vorteile/Nachteile: Entfernungssinn**,** Giftresistenz II, Richtungssinn / Schlechte Eigenschaft (Aberglaube)
Sonderfertigkeiten: Finte I (Waffenlos, Holzspeer, Katar), Geländekunde (Dschungelkundig), Hruruzat[AKO158], Muttersprache Tahaya III, Ortskenntnis (Heimatdorf), Präziser Schuss/Wurf I (Blasrohr, Kurzbogen), Präziser Stich I (Katar), Verbessertes Ausweichen I+II, Wuchtschlag I (Waffenlos, Holzspeer)
Talente: Einschüchtern 7, Handel 6, Körperbeherrschung 10, Kraftakt 8, Menschenkenntnis 7, Selbstbeherrschung 9, Sinnesschärfe 10, Überreden 5, Verbergen 9, Wildnisleben 9, Willenskraft 7
Kampfverhalten: Die Stammeskrieger werden versuchen, mit ihren Fernkampfwaffen anzugreifen und dann die geschwächten Helden in Nahkämpfe verwickeln. Die Krieger setzen dabei häufig *Finten* ein.
Flucht: Verlust von 50 % der LeP; sind die Hälfte aller Stammeskrieger geflohen oder handlungsunfähig, flieht der Rest
Schmerz +1 bei: 27 LeP, 18 LeP, 9 LeP, 5 LeP oder weniger
*) *Gift:* Die Pfeile der Fernkampfwaffen sind fast immer vergiftet, vor allem mit Wurara (siehe **Regelwerk** Seite **342**).
**) siehe Anmerkung zur Waffe, unten

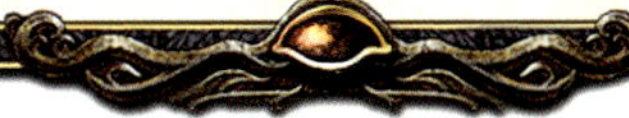

Kampftechnik Dolche

Waffe	TP	L+S	AT/PA-Mod	RW	Gewicht	Länge	Preis
Katar	1W6+1	GE 13	0/–1	kurz	1,25 Stn	40 HF	50 S

Kampftechnik Blasrohre

Waffe	TP	LZ	RW	Munition	Gewicht	Länge	Preis
Blasrohr	1W2	2 Aktionen	5/20/40	Blasrohrpfeile	0,5 Stn	60 HF	40 S

Anmerkung Ein vergifteter Blasrohrpfeil sorgt bei 1+ SP für eine Vergiftung beim Opfer.

Kampftechnik Wurfwaffen

Waffe	TP	LZ	RW	Munition	Gewicht	Länge	Preis
Wurfnetz	keine	1 Aktion	1/3/5	–	2 Stn	350 HF	35 S

Anmerkung Statt TP zu verursachen, erleidet das Opfer den Status *Fixiert*, bis durch eine Sammelprobe auf *Körperbeherrschung (Entwinden)* das Netz gelöst oder die Strukturpunkte des Seils (10 Strukturpunkte) mit einer scharfen Waffe auf 0 gesenkt wurden. Für jede reguläre Aktion kann der Held eine Probe auf *Körperbeherrschung* ablegen. Waffen, die über eine längere Reichweite als kurz verfügen, richten beim Zerschneiden nur halbe TP an.

Blasrohre• ○
Es gibt unterschiedlich lange Blasrohre. Kürzere Versionen, die auch eine geringere Reichweite aufweisen, sind beliebt bei tulamidischen und südaventurischen Attentätern, da man sie leicht unter der Kleidung verbergen kann. Lange Blasrohre kommen vor allem bei der Jagd zum Einsatz. Ein Blasrohrpfeil kann kaum eine schwere Verletzung hervorrufen, aber die Gefahr besteht auch nicht im Pfeil, sondern im Gift, in das die Spitze getaucht wurde.
Leiteigenschaft: Fingerfertigkeit
Steigerungsfaktor: B

Kampfsonderfertigkeiten für Blasrohre
Folgende Kampfsonderfertigkeiten aus dem **Regelwerk** ab Seite **246** können mit der Kampftechnik Blasrohre genutzt werden: Aufmerksamkeit, Belastungsgewöhnung, Feindgespür, Kampfreflexe, Präziser Schuss/Wurf, Verbessertes Ausweichen.

• Möchte ein Held Blasrohre benutzen, so gilt: Der Startwert der Kampftechnik ist wie üblich 6, aber zu Beginn kann der Meister ihm eine Erschwernis von –3 Punkten auf FK-Proben mit auf den Weg geben, die sich erst nach und nach abbauen. Die Waffe ist für die meisten Helden ungewohnt zu führen und deshalb ohne Übung schwerer einzusetzen.

Was sonst noch geschah ...

Brabak und Vinsalt

Die Kemi-Gesandten in Brabak und Vinsalt, Nesereka di Guya-Biazzan und Jutal ai Bernam, erbitten förmlich Militärhilfe zur Abwehr der al'anfanischen Invasion. Während sich der Hof in Brabak angesichts der durch die Corvikaner bedrohte Ostgrenze ziert und zunächst nur ein symbolisches Kontingent von Söldnern für Ela finanziert hat, will man in Vinsalt „prüfen, welche Maßnahmen der Horas zur Sicherung unserer Verbündeten in Kemi treffen kann".

Kemhaven, Benbukkula

Derija al'Plâne, de facto Herrscherin der kem'schen Waldinselkolonien, bestätigt formell den Status von Benbukkula als horasisch-kem'sches Condominium. Parallel dazu verstärken jedoch al'anfanische Seesoldaten und Söldner Derijas die Forts der Insel.
Zudem verfügt die Handelsherrin die Freilassung und Amnestierung aller im Krongefängnis Tashcár als „Reichsverräter" eingekerkerten Sympathisanten Prinzessin Rhôndas. Die Amnestie gilt ausdrücklich nicht für die Häftlinge, die im Namen des Horas in der Festung darben.

Khefu

In Khefu kommt es zu Übergriffen novadischer Milizionäre auf das Achaz-Viertel. Die Novadis beschuldigen die Echsenmenschen, Unterstützer der Rhônda-Rebellion zu sein. Reguläre Truppen schlagen die Unruhen blutig nieder.

Hôt-Alem

In der mittelreichischen Kolonie Hôt-Alem werden die Truppen für mögliche Auseinandersetzungen neu ausgerüstet und ergänzt. Mehrere Truppenabteilungen werden entsandt, um die Grenzen der Kolonie zu sichern. In offiziellen Depeschen an Al'Anfa und Kemi erklärt das Fürst-Protektorat seine Neutralität und verbietet sämtlichen „in diesen Krieg involvierten Kämpfern das Betreten kaiserlichen Territoriums". Die Erklärung schließt mit der Drohung, dass „jegliche Grenzverletzung als Kriegserklärung der betreffenden Partei an das Raulsche Reich gewertet werden würde".

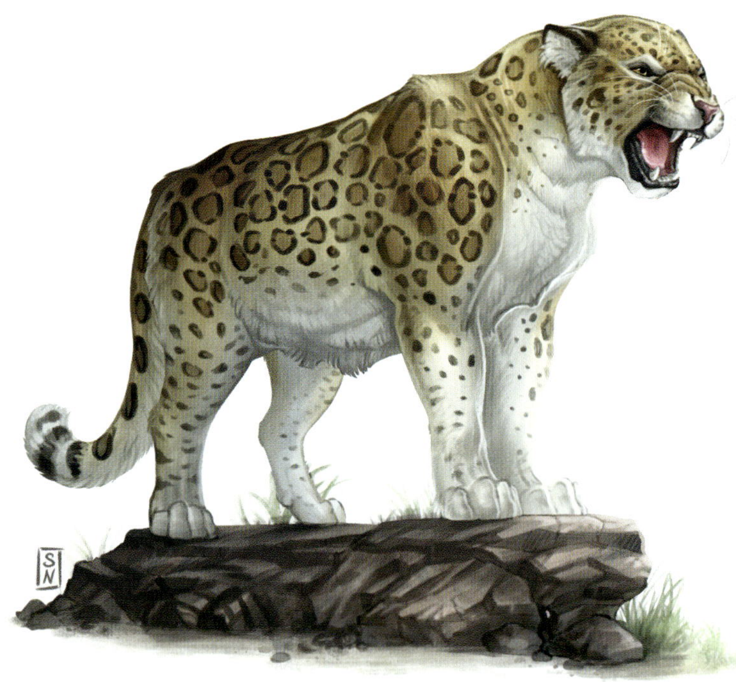